成交就是找对理由

刘瑞军◎著

中国纺织出版社有限公司
国家一级出版社
全国百佳图书出版单位

内 容 提 要

客户究竟在想什么？客户为什么一直没有跟你签单？他担心什么？他还有什么顾虑？只有找到客户成交的理由，才能够消除成交的最大障碍。本书单刀直入，从客户的痛点入手，主要围绕客户的痛点进行销售工作的讲解，抓住客户心理，想客户所想，急客户所急。所有的销售工作只有一个目的，那就是加强客户购买产品的理由，从而成交。

图书在版编目（CIP）数据

成交就是找对理由 / 刘瑞军著 .-- 北京：中国纺织出版社有限公司，2020.1(2025.6重印)

ISBN 978—7—5180—6834—0

Ⅰ．①成… Ⅱ．①刘… Ⅲ．①销售—商业心理学 Ⅳ．① F713.55

中国版本图书馆 CIP 数据核字（2019）第 219210 号

策划编辑：陈 芳　　责任校对：韩雪丽　　责任印制：储志伟

中国纺织出版社有限公司出版发行
地址：北京市朝阳区百子湾东里 A407 号楼　邮政编码：100124
销售电话：010—67004422　传真：010—87155801
中国纺织出版社天猫旗舰店
官方微博 http://weibo.com/2119887771
河北晔盛亚印刷有限公司印刷　各地新华书店经销
2020 年 1 月第 1 版　　2025 年 6 月第 2 次印刷
开本：710×1000 1/16　印张：13.5
字数：169 千字　定价：48.00 元

前言

对于销售这件事，一方是卖方，一方是买方，从表象来看，双方立场是相对立的，而从本质上看，双方的愿景其实是一致的。看似对立的关系下，一个需要卖出产品，一个需要购买产品，都是围绕着产品展开的利益博弈，方向都是奔着“成交”的。不同的是，客户有太多的选择，此处不成另有别家，而销售方不能像“皇帝选妃”，必须来一个客户就要抓住一个，争取成交。

对于成交这件事：

以简易思维来想——

在销售人员看来：我有产品，你有需要，只要价格合适，那就成交！

在客户看来：产品那么多，销售人员那么多，我为什么要买你的？

以复杂思维来想——

销售人员会想：你有一百种顾虑，我就有一百种打消你顾虑的方法！有什么问题尽管提，一一解决了，那就成交吧！

客户仍然会想：产品那么多，销售人员那么多，我为什么要买你的？

是的，对于成交这件事，客户始终想的是“为什么”。在他们看来，如果这个商品我不需要，那我为什么要买？即便我需要，那我为什么非要买你这个品牌？就算我要买你这个品牌，那我为什么要跟你买？

那么，我们就要给他一个理由，解决他心里的“为什么”。

客户迟迟不成交，一定是因为你的理由还不够充分。成交欲望是由成交理由堆砌起来的，理由达不到，自然无法成交。

给客户成交的理由，不在于有多少个，而在于有多大的吸引力，能够直击客户内心，戳到客户的兴趣点，只有这样才能真正地打动客户，称之为“有效用的理由”。

同样的成交理由，表达方式也很重要。表达方式不同，效果也会千差万别，比如，叙述式表达、提问式表达、演示式表达、论证式表达、情感式表达、书面邮件式表达、电话表达等。销售人员要因人而异，对不同的客户采用不同的表达方式。没有哪种方式是最好的，只有哪种方式是最适合的。

要想成交，方式很重要，时机也很重要。只要成交信息一出现，就要立马抓住机会，快速出击。再者，没有机会也要创造机会，客户在沟通过程中不同的反应、情绪表现，都可以成为我们创造机会、快速成交的契机。

与客户沟通过程中，有些“雷区”不可踩，一旦误入“雷区”，可能之前所有的努力都白费了，你的理由再有力也显得苍白，再中肯也显得虚假，甚至你的任何理由对于客户来说，对与错，好与坏，都已经不重要了。

有些人可能常常会遇到一种莫名其妙的状况：刚开始明明谈得好好的，客户购买需求、欲望、意向都很明确，可是突然就改变了心意，决绝离开了，这是为什么？

客户是有资格任性的，你费再多的口舌，再多的精力，只要他不乐意，他就会随时改变心意，转身离开。他改变心意的原因有很多，比如你一句话惹他不高兴，一个动作让他反感，一个行为让他觉得自己没有受到尊重，一个观点让他质疑你的品性与德行，如此等等。因此，有时候没有成交并不是输在了产品上，而是毁在了个人形象上。个人形象可以成为客户拒绝成交的理由，反之，如果我们加以利用，那便可以成为促进客户成交的理由。

做销售，就要有必胜的信念。你觉得你不需要，我会让你知道你有多需要；你没有购买欲望，我会激发你的购买欲望；你有一百种顾虑，我就有一百种打消你顾虑的方法；你有一百种拒绝成交的借口，我就有一百种让你成交的理由！所以，不怕客户有理由拒绝，就怕我们没理由应对。

刘瑞军

2019.5

目　录

第一章

每一位客户心中
都有一个被成交的理由

成交欲望是成交理由堆砌起来的

有人说，销售就是卖口才；有人说，销售就是卖服务；还有人说，销售就是卖产品质量。其实这些都对，而我要说，销售就是卖客户的欲望。

我是多年“老销售”，也见识了很多销售人员，有能说会道的，有会来事的，有深谙销售潜规则的，等等。在其他销售员看来，他们是非常优秀的，因为业绩就摆在那里。其实，他们还可以更优秀，销售还可以更简单一些，只要我们将销售和人性联结在一起即可达到目的。

销售即将产品卖给有需要的人，你给钱，我给货，仅此而已，表面看似很简单，但在实际操作中，要做好销售工作是一项系统且复杂的过程。比如，在当下的一些销售知识中，销售人员要练口才，要学习沟通技巧，要懂得谈判方法，要建立人脉圈等。如果我们仔细观察，所有这些工作其实就是为了达到一个目的——激发客户强烈的购买欲望。那么，我们是不是可以从人性欲望的角度来做销售工作呢？

从人性的角度讲，欲望是一个人做任何事情的动力之源。饿了，就有吃饭的欲望；渴了，就有喝水的欲望；冷了，就有了加衣服的欲望。也就是说，人只要有了欲望，就会促使其产生相关的行为。这样看来，做销售就简单了，我们只要让客户产生或者加强其对产品需求的欲望，成交就成了顺理成章的事情。

那么，问题来了，如何加深客户对产品需求的欲望呢？自然就是“理由”。想喝水，渴了就是理由；想买衣服，追求时尚或冷了就是理由；想买车，方便、提升工作效率就是理由……

有这样一件很有意思的事情。

前几天和朋友李海出差上海，我们入住的酒店正好在我大学同学张某公司的附近。李海是做建材批发生意的，公司成立不到 2 年，处于创业期，急需拓展客户资源，所以，没事就要约我去找朋友，拓展人脉。同学张某是从事服装贸易生意的，公司经营已有 10 年之久，客户资源稳定，但就是利润太低。

李海听说我有大学同学在酒店附近，非要让我带着他去认识一下。好几年没见，我也正好联络一下同学感情。来到同学办公室聊了大约 10 分钟，张某公司的一名员工敲门进来说："张总，有家做网络推广的公司，说可以帮我们提升 30% 的客户量，您看……见，还是不见？"

同学张某说："不见。"

就在这时，李海来精神了，忙说道："提升 30% 客户？真的假的，叫进来了解了解呗。"

……

就这样，李海与冲着张某而来的推销员达成了合作。

每个客户都有被成交的理由，理由不对，就无法激发其心中的欲望，说再多都是废话，理由对了，一句话就足以让其兴奋。

小吴有一家自己的公司，在公司备受尊敬。她是一个很爱面子的女人，衣着也很讲究。这天，她听说某品牌上了新款，于是来到该品牌店想把这件衣服拿下。来到店里后，店里人山人海，销售人员忙忙碌碌，店长看到是老客户小吴，忙打招呼："吴姐来了，您看上哪件衣服了？我拿下来您试试。"

小吴说了自己的需求，店长拿下来递给小吴说道："姐您先自己试着，我这边有很多客户就不陪您了，试好了您就叫我。"

对于大多数人来说，店长的做法没有什么问题，对于大多数客户来说也可以理解，然而小吴却不这样想，她觉得，自己可是这里的 VIP 客户，而且买东西从来没有讨价还价过，原先可是全程陪同，而现在却让我一个人试，顿时感觉有一些不爽，加上店里人来人往，自己被冷落到一边，内心的购买欲望马上降到了零。于是，她放下衣服便走出了店门。

从人性的角度讲，每个人的脾性都是不同的，这就造成了他们的需求不同，购买产品所需的理由也有所不同。有些人，只要物美价廉，即使销售员不理不睬也会买；有些人，只要感受到被尊重被重视，即使产品很贵也会买。同样的客户，同样的需求，成交的理由是不同的。可能你有能说会道的口才，可能你有很好的谈判策略，但这并不适用于所有的客户，因为这种模式化、套方程式的销售方式只会让一些客户感到厌烦，更是一种撞大运式的销售方式。

我经常接到一些推销电话，刚开始我会很客气地接通说：“喂，您好。”对方的回应大多是：“您好，我们是某某公司的，我们有……”每次都是这个开场白，每次都是同样的套路，听得多了，就会感到厌烦，后来干脆进行电话标记，广告推销一律不接。有些未标记的电话号码，接通后我刚说一个“喂”字，在听到熟悉的开场白后，不等对方说完我便果断挂掉。

相信有很多和我有同样感受的人，对其不胜厌烦。甚至有些朋友对我说，他每每接到这样的电话都会痛骂对方一顿，要求其删掉自己的号码。从销售行业来说，我认为这是一种畸形的销售方式，更是一种资源的浪费。不了解对方的需求，不知道对方的成交欲望，更无法说出打动客户的成交理由，怎么能够成交呢？

客户看似有需求，却成交不了；客户有明显的需求，还是无法成交；客户对产品很满意，依然不成交。原因就是你不懂客户。

客户为什么要买你的产品

我们认为，客户有需要就会买我们的产品，可是很多时候，我们会发现，当我们把客户需要的产品摆到他们面前时，他们似乎并不愿意掏钱埋单，这是为什么？

从市场经济的角度讲，有“需”才有“供”，因为消费者有需求，才会有相对应的产品面世，以此来满足消费者的需求。举一个很简单的例子，人饿了就需要吃饭，那么饭店所提供的服务就能够满足客户的需求；人们想吃得好，吃得享受，吃得有面子，那么，星级饭店、高级饭店的诞生，就满足了这类人的需求。按照这个逻辑推理，你所销售的产品，必然对应着一些有需求的客户，有显性需求的客户，还有一些是有潜在需求的客户，对于他们来说，你的产品必定是有价值的。那么，我们要做的就是找到这些客户，让他们知道你的产品，了解你的产品。

然而，当你找到这类客户并把产品介绍给他们后，客户是否会购买你的产品却不一定，因为他们会与同类产品选择对比、自我感受等。在这些因素中，往往有一个非常重要的因素决定着客户最终的购买意向，切记，这里说的是一个非常重要的因素，而不是所有因素。这个因素就是他购买产品的最终理由。

我有一个朋友，做人力资源培训工作，那天他打电话告诉我，老家的父母都接到他家里了，人多了，想买一辆性能好一些的 SUV，也就是人们常说的家庭越野车，空间够大，适合家庭出游。所以约我陪他一起去看看车。

给朋友做参谋买车，当然乐意效劳，我们约定了时间，准备一起去看车。这天，我们先来到某品牌的 4S 店，我们告诉销售顾问，要买一款 SUV 车型，用于平时去郊区玩。销售顾问热情地给我们介绍了他们店中的一款车，从底盘高度、越野性能等各个方面进行了全方位的解说，我听后觉得还不错，然后问朋友怎么样。

朋友说："我们再看看吧！"

听朋友这么说，肯定是没看中。出门之后我说："这款车我看还不错啊，为什么看不中呢？"

朋友说："各个方面确实挺好，但总感觉有些不合适，看看其他的再说。"

于是，我们来到了第二个 4S 店。第二个店的销售顾问同样为我们热情全面地介绍了他们店的 SUV 车型，但朋友却没有强烈的购买欲望，情绪并不高涨。这时，销售顾问又说话了："如果是一大家子出游，人比较多的话，我建议您看看这款 SUV，今年新款，与其他车型最大的区别是这款 SUV 是 7 座，可以乘坐更多的人，底盘高度、动力……"

朋友在听到销售顾问说是 7 座，可以乘坐更多人时，马上来了精神，认真地看起了这款车。深入了解之后，朋友说就这辆吧，我问："不要再看看吗？"

他说："不用了，就这款车吧，我觉得很适合我。"

就这样，朋友当即付钱开走了这款车。

每每想到这件事情的时候我都会觉得非常有意思，显然，这位朋友最终决定购买汽车的最大理由就是能够坐足够的人。但是，从第一个 4S 店出来后我问其有什么不满意，他始终说不出具体原因，他为什么不把这个理由告诉第一个 4S 店的销售顾问呢？是他不明白自己真正的需求吗？

如果我们换位思考，就能明白这个道理，比如，你想买一款风衣，七八十年代很酷的那种，并且在心中已经有了大致的画像。到了服装店发现类似的风衣很少，到处都是最新款的风衣，好不容易找到一款，穿上后发现与周围的环境格格不入，并不是自己想象的或在电视里看到的那样酷，接着销售员说："这款风衣已经不流行了，现在流行 7 分长的风衣，你看……"

然后你发现，确实如销售员所说，7 分长的风衣更加时尚帅气，为此你改变了最初的想法。所以，不是我那位朋友不明白自己的需求，不清楚自己买车来做什么，而是买这辆车的原因很多，在销售员一时找不到决定客户成交的最终原因而推销时，只会让客户购买产品的理由更加混乱。

事实上，我们很多人在购买产品之前所想到的理由、需求在实际购买中都会发生变化，比如到了饭点该吃饭了，打算去某饭店吃面条，走到街上发现某家饺子店很热闹，心想："好久没吃饺子了，不如吃饺子吧。"随即改变了主意。为此，作为销售员，我们要做的就是找到决定客户成交的购买理由，然后围绕这个理由与其沟通。

那么，我要问两个问题：第一，客户为什么要购买你的产品？第二，决定客户是否购买的理由是什么？

对于第一个问题，前面已经做了解析，客户购买一个产品的理由不是单一的，从表面很难看出侧重点，比如，客户需要买一份保险，按道理说决定客户是否购买的理由是这份保险是否划算，性价比如何，然而，对于有些客户来说，因为一些销售员的服务态度不好，或者说话不注意，客户会拒绝购买，从而选择其他的保险公司或销售员，购买同样价格、同样规格的保险。

对于第二个问题，决定客户是否购买的理由是什么，这才是我们每个销售人员必须重视的问题，找到这个理由，即使一些没有需求的客户也有可能会成交。举一个例子，某天晚上去街上散步，路边有一个卖花的小姑娘，正好这时走过一对年轻情侣，卖花的小姑娘说："哥哥给姐姐买一朵花吧，看你们这样般配，一定是非常幸福的。"小伙子听了看了看姑娘，姑娘有点不好意思地低下了头，小伙子马上掏钱买了一朵花。这便是客户购买产品的硬性理由。

做销售，首先要明白客户购买的理由，然后从这些理由中找到最能影响客户的那个，最后必定成交。做销售，就是这么简单。

客户为什么迟迟不和我们签单

在很多销售员身上，初期都会出现这样一些问题。开始满怀信心地加入销售行业，做了一段时间后发现并没有自己想象的那么简单，在与客户沟通的过程中会出现很多问题。我们知道，作为销售员，我们的最终目的就是与客户成交，可是如何与客户成交，却成了很多销售员头疼的问题。

客户为什么迟迟不签单呢？面对这个问题，我经常听到一些销售员说："该做的我都做了，我也不知道为什么他们不签单。"有些销售员更是直言"不懂客户"。

那么，是我们不懂客户还是我们没有找到懂客户的方法呢？

其实对于这个问题，笼统简单的解释就是：客户想要的不仅仅是我们的产品。为此，尽管我们做了很多该做的，滔滔不绝说了很多，因为客户没有得到自己想要的，自然不会很爽快地与我们签单。

先来分享李嘉诚的一个故事。我们知道，李嘉诚是做销售起步的，刚开始，他也是一个普普通通的销售员。他在推销铁桶的时候，有一次，他去一家商店与客户沟通，希望这家商店能够采购他的铁桶，但是，李嘉诚使出了浑身解数，老板的态度始终都是模棱两可，没答应采购，但也没拒绝。

这让李嘉诚有些不明白，从自己对这家商店的分析看，他们是有需求的，采购他的铁桶商店能够从中获利，而且老板也没有直言拒绝，说明老板对自己的铁桶还是满意的。那么，该说的自己都说了，为什么老板始终不和自己签单呢？

后来，一次偶然的机会，李嘉诚得知这家商店老板有一个男孩，而且老板非常宠爱这个孩子，最重要的是这个孩子非常喜欢赛马，而这位老板因为工作原因一直没有时间陪孩子去看。

得到这个消息后，李嘉诚再次去找老板。见到老板后，这次他并没有说服其采购他的铁桶，而是表示自己近来有很多空闲时间，准备去看赛马，询问老板是否可以让他带着老板家的孩子去看赛马。老板听了自然非常高兴，便让孩子跟着李嘉诚去看了一次赛马。

看完赛马没多久，这家商店的老板主动联系李嘉诚，说愿意采购一些铁桶，并当即签订了合同。

从这个案例中我们可以看出，客户不和李嘉诚签单的原因并不是李嘉诚推销的产品不好，而是没有对李嘉诚产生好感，换句话说，客户与李嘉诚没有建立能够让客户成交的情感。这一点在我们的生活中也颇为常见，比如，有人向你推荐保险，此时你也有买保险的打算，对推销员所介绍的险种也很满意，但是由于种种原因对销售员持有怀疑的态度，销售员所言所语所承诺的，自己并不完全相信，这时你要么拒绝，要么再等等看，这是很多人消费时的一种心理，也是消费者迟迟不成交的理由。

为此，当下很多保险业务员要么年轻漂亮，要么帅气，要么看起来老实厚道有亲切感，目的就是满足客户这一心理需求，拉近与客户的距离。但是，这种方式治标不治本，只能解决一部分消费者迟迟不签单的顾虑，因为不同的消费者不签单的顾虑是不同的，比如，你的品种单一、企业正在改制、还没有想好这批产品的用途、正在搬迁等。

曾经有人问我，现在各种销售方法、技巧那么多，有没有一种万能的销售方法呢？我告诉他，有，那就是找到客户购买的理由。我们不应该只是钻研那些销售技巧、策略等，因为这些都是销售辅助工具，我们真正要做的是寻找客户迟迟不签单的理由。

很多朋友总是抱怨客户在拖，故意不与自己签单，我认为不是客户在拖，而是销售员在拖，销售员总是希望客户去改变，而不是自己去改变，这样造成的一种情况是销售员把自认为成功的一套销售模式套用在某位客户身上后发现不起作用，继而陷入无奈等待的状态。

因此，作为销售员，首先我们应该做的是积极主动地去了解客户，认识客户，找到客户与我们迟迟不签单的理由。有人可能会说："说得轻巧，让客户签单的理由哪有那么容易找到啊？"

举一个例子。我有一个朋友是营销方面的培训讲师，他虽然进入培训行业不久，但工作非常出色，深得客户的好评。有一次，在内部会议上，有人问他为什么这么优秀成功，他说："其实我也不是很成功，我只是注重客户的信息管理而已。"

随后，他拿出一个本子，上面密密麻麻记录着客户的信息，如企业名称、发展历程、企业老板的名字、兴趣爱好、祖籍何处、家庭成员状况以及个人爱好等，活脱脱一套完美的个人档案。

这就是他成功优秀的秘密武器，有了这些信息，再结合与客户沟通过程中产生的状况进行综合分析，必然能够找到客户迟迟不签单的理由，也许第一次客户没有签单，那么第二次必然能够得到一个圆满的结果。

所以，客户迟迟与我们不签单必定是有原因的，原因就是客户还没有找到一个能够让自己确定放心签单的理由。那么，首先，我们应该拿出积极的态度，不要怕麻烦，不要怕费时间，像分析一件艺术品一样分析你的客户，认识并了解你的客户。其次，把握客户心理，想客户之所想，急客户之所急，明白客户到底在想什么，担心什么，顾虑什么。这些都是阻碍客户迟迟不签单的重要理由，明白了这些，成交自然在握。

说服需要认同感

沟通过程中，客户说的话并不一定都是对的，或者说，某个观点并不一定是你所认同的，那么，如果你直言不讳，语言中出现“我并不这么觉得”“也许是您多虑了”“您可能不知道……”等否定句意时，已经把客户推到了对立面。每个人在表达自己的观点时，都有被认同的渴望，如果非但没有得到认同，反而观点被完全推翻，那么内心肯定不悦。客户一旦在心理上与销售人员产生对立，那么之后你所表达的一切理由也好，观点也好，他都很难认同。有时客户就是这么“小孩子气”——你不认同我的观点，那我凭什么认同你的理由？即便理智上认同，口头上也绝不示弱。

生活中我们经常会遇到这样一些事情：

朋友向我们诉苦，如果你说“这真的是一件非常糟糕的事情”，那么他会对你产生好感，愿意继续向你倾诉更多。如果你说“你这算什么，这才哪到哪啊”，那么，他就会对你产生距离感，不再向你诉说。

朋友向你炫耀某件衣服，如果你说“真的很漂亮啊”，那么他就会非常高兴；反之，你说“一般般吧”，他便会不高兴。

朋友想去创业，你说“去做吧，这件事情一定有前途，你一定会成功”，他会信心十足，而且在创业的过程中会经常征求你的意见；如果你说“我劝你还是别做了，你看某某也失败了”，他就会觉得你怀疑他的眼光，或者道不同不相为谋，从而与你产生距离。

……

生活中所有类似的现象，都缘于一种心理因素在作怪，那就是认同感。当某人向你诉说某件事情的时候，你首先要做的是认同并理解，他和你就是一条心，反之，他的心就会偏离你的心，彼此之间的距离被拉开。

有些朋友可能会问，如果他的言论做法是错误的，我总不能去认同吧，当然不能，但是你要说服对方，让对方意识到他的行为言论是错误的，首先你要理解认同他的行为，比如你说“我理解你，但是……”这样的表述不但不会影响彼此之间的距离，更有益于说服对方。

从沟通的角度讲，销售就是一个说服的过程，说服客户购买你的产品，在这个过程中，客户往往会提出很多问题、异议及拒绝购买的理由，这时我们该怎么办呢？

同样的道理，无论客户提出什么样的理由及异议，无论我们给出的成交理由是否正确，只要我们有说服对方的需求，首先要对其表示认同，这是说服的重要因素。

卡耐基曾说：“在你今天遇到的人中，90% 以上需要你的同情，给予他们同情，他们会因此感激你。”从某种角度讲，这里的同情就是一种认可，给予他认同，让他觉得跟你接触很自然、很放松。

我妻子的手机坏了，想换一个手机，在电商平台找了一款心怡的型号高兴地对我说：“你看，这个手机怎么样，很漂亮啊，外观太有个性了。”

我仔细一看，内存才 1G，我说：“内存才 1G，你平时那么喜欢拍照，买这有什么用？”

妻子听了有点不高兴地说：“就知道给你看没什么用。”

我心想：“怎么没有用，我不是给出意见了嘛！”

看到妻子有些不高兴的样子，我马上说：“我再看看，嗯，外观确实挺漂亮，有眼光，但是你经常用手机拍照，内存有点小，估计存不了几张照片。”

妻子说：“嗯，说的也是，那我再看看别的手机吧。”

同样的意思，用不同的方式表达，后者却更容易让妻了接受我的建议，这就是认同感的秘密。很多人潜意识里都明白这个道理，而且会经常习惯性地运用到工作中。

因为工作经常出差，在我的生活中总离不开笔记本电脑。有一次，我原先的笔记本电脑因为托运弄坏了，修一下花费挺高，而且时间比较长，所以我决定再买一个。来到电脑城，经过挑选，我看中了某二线品牌的一款笔记本，之所以选中这一款，是因为它的配置够高，各项技术参数都不错，由于是二线品牌，价格也适中，所以，应该说是一款性价比很高的电脑。

我告诉销售员准备买这一款电脑时，销售员询问了我的需求之后说："看来您也是半个行家了，这款电脑的确是我们店里性价比最高的一款。但是从您的职业来看，其实并不适合您。"

我问："为什么？"

销售员说："笔记本电脑对您来说主要是商务办公用，而且大多是在一些公众场合用，周围坐的可能都是一些有头有脸的人物，笔记本的性能暂且不说，首先品牌在一定程度上决定了您的地位和品位，所以，我建议您买一线品牌的。"

听了销售员的话，觉得对方说的也有道理啊，有时候真的是如此，虽然我不是一个在乎面子的人，但他人未必和我的想法一样。于是，我选了一款性能差不多价格较贵的一线品牌。

可以看出，这名电脑销售员是优秀的，他知道让我成交的理由是什么，也明白如何才能让我认可这个理由。

如果当时销售员想让我买一线品牌的电脑，在我提出要买二线品牌电脑时对我说："您的想法是错误的，我觉得您应该买一线品牌，因为……"

即使他的理由说得再充分，再中肯，我都不会听他的建议，甚至我会放弃在这里购买。因为他对我的想法并没有丝毫的认可，这会让我觉得我在这场对话中没有丝毫的价值。

每一位客户心中都有一个被成交的理由，理由找对了接下来的工作就是说服，客户的观点与你提出的观点相统一，则容易成交；否则，我们就需要先肯定客户的想法，并表示理解认同，然后分析利弊，提出自己的观点。销售过程中的沟通，七分是情绪和氛围，三分才是内容。

没有因为所以，说再多都是废话

很多销售员在找理由说服客户的过程中，即使对客户来说理由非常充分，也无法说服客户成交，甚至有些客户根本不愿意听下去，原因之一就是讲话没有逻辑或者逻辑混乱，客户不知道你在说什么，讲了很多，但不知道哪句是重点，为此，客户就会有一种厌烦的心理，继而可能会起身走人。

逻辑，是一个人销售过程中必须遵循的一个原则，没有逻辑，讲话不突出重点，客户便没有继续听下去的欲望，没心思听，也听不明白，对客户来说更谈不上说服力了。

判定一个人说话是否有逻辑的标志之一就是“因为……所以……”如果只有因没有果，会让听者感到迷茫；反之，如果只有果没有因，会让听者不明白其中的道理。我有一位朋友，是某共享单车公司的高管，主要负责自行车的采购和维护。有一次，我陪他去某自行车厂家了解采购事宜。

在表明来意之后，对方热情地接待了我们，并派了一个销售员与我们洽谈，这位销售员说：“根据您的用途，我们自行车架采用的是……座椅采用的是……”总之，他说的都是一些专业术语，对于我这个外行人来说根本听不懂，也没记住。等对方说完，我问朋友怎么样，朋友说：“没听懂。”

朋友的一句“没听懂”让我大感意外，我以为对于销售员的介绍，只有我这个外行没听懂，原来他也没有听懂，那么，这就不是我们的问题了，而是销售员表达有问题。

分析销售员的表述，很容易找出让我们迷惑的原因，比如，他说自己的车架采用的是什么材质，这样的材质有什么作用呢？是减轻车重了还是更加结实耐用了？他没有说。再如，他说座椅采用的是什么技术，这样的技术有什么用呢？是让骑行者更加舒服了还是安全美观了呢？他也没有说。

作为客户，我们最为关心的是产品的质量如何，性价比怎样，不管你采用什么材质，采用什么技术，你需要证明的是采用这些技术和材质达到的效果是什么，这才是客户最为关注的。

还有一种表现是有果没因，如同以上案例，如果销售员只是说我们制造的自行车质量轻、结实耐用、座椅舒服等，作为客户，我们会相信吗？当然不会，你需要拿出一些证据来说明你说的都是对的，这便是说话的因果逻辑性。

说话有逻辑的另一个标志是简洁、高效、有层次，有些销售员滔滔不绝地说了半天，可是没有一句话说到点子上，这便会让客户感到厌烦，这也是一种缺乏逻辑的说服。2015 年，我为一家企业做培训，当时老板召集了全国各地 8 名销售经理开会，让他们汇报销售中遇到的问题及自己的想法。

在这个会议上，有一件事情让我记忆犹新，当第一位销售经理讲话的时候，还没有说几句，老板就有些不耐烦地说："好了，你来说说吧。"

第二位销售经理说："我叫 ××，是河南地区的销售经理，最近我们的业绩还可以，就是前天我还拜访了代理商王总，王总要求我们能够给他们更多的政策，我告诉他不行，公司肯定不会同意……"

同样，这位销售经理话还没说完，就被老板打断说："好了，那个谁，李欢，你来说吧。"

就这样，整个会议几乎都是在说一些不痛不痒的事情，这是老板的问题吗？

当然不是。老板这次开会的目的是让大家提出在销售过程中遇到的问题，市场环境如何，下面销售员的情绪如何，有什么建议等，以便我听了之后对他们进行针对性的培训。然而遗憾的是，老板和我并没有听到想听的内容。

原因就是他们说话缺乏系统性，没有重点，没有条理，更没有逻辑。

要激发客户的购买欲望，我们必须提升自己的说服力，有逻辑地说话，具体需要把握以下几点：

第一，串联。把你要讲述的内容串联起来。如何串联？最好的方式就是多用

“因为……所以……”“只有……才……”和“如果……就……”等因果关系与条件关系句型，也是一种理由陈述逻辑严密的表现。

比如，你说：“您穿这件衣服特别能体现出您的气质。”

客户问：“为什么？”

你说：“因为您的身材比例特别好，皮肤白，加上这是今年的新款，所以，您穿在身上要比其他人更有气质。”

第二，始终围绕说服理由。在与客户沟通的过程中，我们始终要明白我们的目的是什么？无非就是通过某个理由说服客户成交。那么，我们所讲的每一句话都应该是围绕这个中心展开的，而且要以客户的疑问为主，不能偏离自己的目的及客户的疑问。

比如，客户要装修一套房子，在众多装修方案中对某装修方案比较满意，只是在具体装修内容中有一些疑惑。这时你就不能给客户推荐别的装修方案，因为，首先，客户既然在众多的方案中选中了这个方案，说明这个方案有足够让其成交的理由，针对这个方案客户已经了解了很多；其次，如果你推荐别的方案给客户，势必会打乱客户原先的思维，容易让客户陷入更加艰难的选择之中。

第三，数字串联引导。说话有逻辑的一个标志是富有条理性，为此，我们可以按照时间、空间、重要性等关系用数字对语言进行串连，比如第一、第二、第三，或者首先、其次、最后等，这样的表达更清晰，且层次分明，说服力更强。

比如，你向客户推销某项服务，客户说：“你这项服务对我似乎没啥用。”

你可以说：“我们推出的这项服务绝对对您有用，首先……其次……”这样一连串具有条理的分析后，只要你找对成交的理由，客户必然会动心。

客户不傻，你也不要自作聪明

经常听到一句话，叫“过程不重要，重要的是结果”。的确，有这么一些销售人员就是秉承着这一观点在工作，相比过程如何，他们更加迷恋最终的成交结果，所以，不管使用什么方法，哪怕是用上孙子兵法，三十六计，哪怕挖坑、设陷阱给客户跳，也要把客户“拿下”，顺利成交。这种做法无疑是不可行的。

执着于成交是好事，但切勿把客户当傻子，认为靠着自己的“小聪明”就可以把客户耍得团团转。即便客户一不小心掉进了你设好的“圈套”，可事后反应过来，必然会心生怨念，此后自然不愿再与你打交道，即便自己及身边的亲戚朋友又有购买需求，他也必然会对你避之不及。

再者，多数情况下，恐怕等不到客户成交，销售人员的小聪明一旦被识破，那么再好的成交条件恐怕也挽回不了客户已经“凉凉”的心。

张女士的新房子刚装修好，到了该置办家具的时候了。这天闲来无事，准备看看床。她来到家具卖场，走进了一家装修高档的家具店。张女士刚踏进店门，一位销售员就热情地迎了上来，说道：“大姐您好，欢迎光临，一看您就是一位非常讲究的人，我们店的家具设计前卫，摆在您的家里，一定能够提升家的档次。”

张女士微笑着说：“你误会了，我并不是特别追求档次的人，那张床看着还不错，你能给我介绍一下吗？”

销售员高兴地说：“您真是太有眼光了，这张床是欧式风格，设计新颖，非常实用，与您非常搭配……”

销售员还在滔滔不绝地介绍，张女士有些不耐烦地打断说：“是这样，我觉得这款好像不太适合我……”

销售员急忙说：“那您可以看看这一款，这一款是昨天刚到的新品，质量、设计都是一流的……”

张女士再次打断对方说道：“我想您真的误会了，我的意思是我家孩子才刚刚一岁多，我想……”

销售员又接过话茬说：“我明白您的意思，您放心，您只要购买我们的家具，我们会做很多防护措施和售后服务，即使您的孩子在上面涂画，我们也能够完美地给您处理……”

张女士说：“你先听我把话说完好吗？我更关心的是孩子的健康，而不是家具被涂画，我想知道你们家具的材质以及甲醛……”

对于这样的销售员，很多客户一定会转身走人，张女士之所以没有离开，是因为她有足够的耐心，可是，作为消费者，像张女士这样有足够耐心听销售员讲“废话”的人往往少之又少。

在这段对话中，销售员一直在找说服张女士的理由，但是他太过自作聪明，自以为张女士购买的理由是这样，然而却不是。这样经过几轮尴尬的回合后，即使销售员明白了张女士购买的真正理由，也很难说服张女士去购买。

可以看出，决定张女士是否购买家具的主要理由是家具是否环保，是否对孩子的健康有影响，只要解决了张女士的这个问题，成交就水到渠成了。而销售员却是套路式的销售，臆想决定客户购买的理由，自以为很聪明，实则是最傻的一种销售方式。你臆想的理由很多时候并不是客户真正的理由，这样做只会给客户留下不好的印象，浪费更多的时间和精力。

还有一些销售员，完全把客户当成了傻子，觉得自己什么都懂，在与客户交流的过程中，自吹自擂，说话不着边际，时常耍一些小聪明。

比如，很早之前或者现在有些销售员用的一些方式，在与客户讨价还价处于僵持阶段时，为了快速成交，假装接电话或者让同事给他打电话，当着客户的面表达有客户要购买这个商品，接完电话对客户说：“您看，有别的客户过来要看这个产品，您可要赶快做决定啊！”

我想说的是，这些都是老一代销售员玩剩下的，我们不要再玩了，否则就是玩火自焚。现在的消费者都是见过世面的人，不要采用这种方式逼单。大多数消费者心知肚明，知道这是你的自作聪明式的销售策略，甚至有些消费者本身就是销售员，或者是某产品的半个专家，知道的要比我们多得多，类似这样的行为只会打击客户的购买欲望，甚至惹怒消费者。

做销售，服务一定要热情周到，要注意观察客户的行为举止，通过“望、闻、问、切”确定决定客户购买产品的理由，别总是想着赶快成交，让客户交钱。有句话叫“欲速则不达”，你越想与客户成交，越想引诱客户赶快决定，客户就越让你失望，因为你急功近利的心态忽视了客户购买产品的真正原因是什么。

作为消费者以及销售员，我最讨厌的是有人说要“搞定客户”，因为在搞定客户的背后他们总会设置一些陷阱、坑引诱客户去跳，一旦客户放松警惕就会跳里面。然而，这样的销售方式注定不会长久，销售员也不会有太大的发展，只能赚点小钱。从经济的角度讲，价值与金钱是等价交换，这是一个公平公正的过程，作为销售员，我们没有什么好隐瞒的，也不需要夸大其词地说服，除非你的产品没有价值。也许，这一次因为你的自作聪明客户与你成交了，但相信他不会与你进行第二次合作，因为一个坑不会有人连续跳两次。

所以，客户最喜欢的是诚实坦诚的销售员，他们更喜欢与这样的销售员沟通。有些销售员与客户成了很好的朋友，客户经常主动请吃饭，还给销售员送一些东西，介绍客户等，其原因就是销售员的真诚打动了客户，从而超越了合作关系，上升到了朋友关系。

就智商而言，大多数人与人之间的差距并不大，且现在很多消费者背后的身份就是销售员或者有关产品的专家，在这种状态下什么样的方式才能打动客户，让客户心甘情愿地签单成交呢？

自然就是坦诚地沟通。有人说这样的销售方式太累，根本打动不了客户，而且容易被别人抢走客户。这是因为我们使用的方法不对，在坦诚沟通的基础上，我们要做的是找到决定客户购买产品的理由，而不是实事求是地介绍产品，与客户唠家常。找客户购买产品的理由是最简单且最高效的，确定理由后，用真诚的态度与其沟通，不但可以打动客户，而且成交效率也会提升。

第二章

洞察客户的内心世界，探寻客户兴趣点

感客户之所感，才能想客户之所想

了解客户的真正需求，我们才有可能将产品卖给客户。这是一个非常简单的道理，但对于大多数销售员来说，道理虽然简单，做起来似乎很难。尤其是如何了解客户需求这一点，让很多销售员摸不着头脑。

客观地讲，客户购买一件产品有很多理由，比如产品新颖、产品质量好、服务好、品牌响、使用者多等，但从成交的客户我们会发现，在众多的理由当中，只有几个甚至一个是在成交中起关键作用的。这就要求我们，一方面要了解客户的需求，另一方面要找到关乎成交的那些理由。

有一个朋友刚学会钓鱼，并且上了瘾，有一次他对我说："老刘，昨天见到一个钓鱼高手，用海竿在 ×× 河钓了一条很大的鱼，我们今天也去试试吧。"

那天正好没事，我于是答应他一起去河边钓鱼。我们来到河边，从车上拿下装备，他拿出一根海竿绑好鱼线，挂上铅坠，对我说："今天你看我的，肯定钓一条大鱼。"

我说："我不会钓鱼，今天就跟你学习学习。"

随后，朋友把海竿扔进河里，架好鱼竿，我们便在河边聊天等待鱼儿上钩。可是，让这位朋友失望的是，钓了 3 个多小时，没有一条鱼上钩，其间他还换了无数次的鱼饵。眼看天就要黑了，最后他心有不甘地和我收拾装备准备回家。在回家的路上，他疑惑地说："奇怪了，昨天那个钓友用的也是海竿，不到 15 分钟就钓上了一条大鱼，我怎么钓不上呢，是我运气不好吗？"

我说："这跟运气没关系，我想应该是你的方法不对，你应该像鱼一样思考，而不是像钓鱼高手一样去思考。”

其实，销售工作也是如此，在与客户沟通的过程中，我们应该像客户一样去思考，而不是站在销售员的角度去思考。大家肯定遇到过这样一类客户，他们很理性，但却百般挑剔，一直在说这不好，那不好，但却一直不愿离开，似乎又有购买的意愿。尽管解决了他提出的很多异议，但客户却还是一脸的不满意，这让我们丈二和尚摸不着头脑，心想：“客户到底是哪里不满意呢？”

对于这类客户，最好的应对方式就是换位思考，结合产品特性及客户自身的一些要素，站在客户的角度去分析客户为什么会这样说，客户为什么沉默不语，客户想要的是什么等，当你站在这个角度去思考的时候你会发现，“哦！原来客户不是我想的那样，客户是想……”这样我们就会进一步确定客户的真正需求。

然而，并非所有销售员都能够站在客户的角度思考，掌握客户真实的需求，有些销售员即使换位思考了，依然不明白客户真正的需求是什么，这是因为他们在换位思考的过程中忽略了以下前提条件：

第一，对客户进行分类分析。首先对客户进行分类，从性格分类，客户是内向型还是外向型；从购买欲望分类，客户的需求强还是弱；从经济收入分类，客户的收入水平是中等、高等还是低等，等等。

第二，充分掌握产品的特性。作为一名优秀的销售员，卖产品就要熟悉自己的产品，如产品特性、卖点、优势等。

第三，提高自己的同理心。也就是时刻能够感受到客户的心理。

掌握了以上三点，并融入换位思考中，你会发现，销售中，站在客户的立场上讲话，很容易与客户产生共鸣。

比如有一次，我去手机店买手机，因为我的旧手机偶尔会死机黑屏，让人很不舒服，尤其是在用微信与客户沟通一些重要事情的时候，正在语音说话，突然手机屏幕没反应了，任凭我怎么点都没动静，然后我要花一分钟左右的时间重新启动手机，手机启动后还要向客户解释没有及时回复的原因。虽然这种现象只是偶尔发生，但的确影响了我的工作。

我把这一情况向手机销售员说了之后，希望销售员能够充分理解我的心情。当时我觉得我这种情况，估计销售员也没有遇到过，很难理解与客户沟通时手机黑屏的那种心态。谁知我刚说完，销售员就说：“大哥，你的心情我太能理解了，我也遇到过这种情况，当时恨不得把手机砸了……”

销售员这么一说，我马上感觉遇到了知己，开始与销售员聊天，最后在他的介绍下我又买了一部新手机。

也许，销售员并没有遇到过我这种情况，销售员那样说只是为了和我套近乎。但不管怎样，即使他没有遇到过我这种情况，能够将我当时的心情描述得那样准确，就可以看出这是一名优秀的销售员。这便是换位思考的精髓。

感客户之所感，才能想客户之所想，总结来说，就是在心里默认自己是对面的客户，具体在操作过程中需把握这样几点：

第一，意识上换位。不管是客户提出的异议还是表现出的一些肢体语言，都从客户的角度去思考分析，这样我们就更容易理解客户那样说、那样做的理由。

第二，态度上换位。客户购买产品时是什么样的态度，我们就要用什么样的态度去思考。比如客户很着急，我们就用这个态度换位思考客户的需求。其实，每个人都是消费者，都有过购物经验，所以这一点还是比较容易做到的。

第三，提升自己的悟性。客户说出的一些话，有些销售员一听就懂，有些销售员却无论如何都理解不了或者误解；客户表现出的一些肢体语言，有些销售员一看就明白，有些销售员看几遍都不明白，这就是悟性。悟性的提升，有助于我们更深入地了解客户的需求，影响其购买的理由。

了解对方，需要勇敢试探

销售的核心部分就是沟通，沟通得好，有深度，与客户的距离就会拉近，客户就会信任我们，购买欲望也会随之提升，尤其是当你一句道破客户的“痛点”之后，客户可能会当场成交。

要做到这一点，我们首先要准确了解客户的心理，明白客户的需求，客户是怎么想的，为此，我们需要窥探客户的心理。

然而，在很多销售员进行这一操作的时候，常常会遇到两个问题，一是不敢窥探，二是试探之后，了解不到真实有效的信息，或者惹怒了客户。

朋友公司的小张是一名刚入职不久的销售员，入职前在公司进行了系统的理论培训。有一次，经理派他去接洽一位江苏的客户，小张带着激动的心情坐飞机向客户那里赶去。三天后，小张回来了。

经理想：“既然能够在客户那里待这么长时间，一定与客户签订了合同，即使没有签合同，谈得应该也差不多了吧。”

谁知小张的汇报出乎经理的想象，小张告诉经理，客户要思考一下再给我们回复。

经理问：“具体是什么问题呢？客户的需求是什么？”

小张说：“这个我也不知道，客户也没说，只是说考虑考虑再给我答复。”

经理有些生气地反问：“那这三天时间你都干了些什么？”

小张说：“我就是向客户介绍我们的产品，还有聊一些家常，这样可以拉近客户的距离，沟通起来也方便。”

经理："既然你已经拉近了与客户的距离，为什么不试探下客户不签合同的具体原因是什么呢？这样我们也好商讨解决方法啊！"

小张："我担心直接问客户原因会太唐突，影响沟通，所以我也没问。"

案例中，销售员的问题就是不敢试探了解客户需求，那么，就销售工作而言，这样的客户拜访还有什么意义呢？

在生活中，当我们遇到一些问题时，首先要搞明白产生这个问题的原因，然后才能圆满地解决，否则，一团乱麻，很难找到解决问题的方法。销售工作亦如此，客户有异议，首先我们要搞明白客户的真实想法，为什么有异议，这样我们才能根据客户的真实想法解决客户异议，给客户一个有效的成交理由。为此，了解客户需求，不要胆怯，一定要勇敢地去试探。

在试探客户需求的过程中，有时候了解不到客户真实有效的信息，或者，客户对于我们的试探很反感，反而产生了更加强烈的戒备心。这是什么原因呢？

换位思考，如果我们是消费者，去购买一件商品，为了能够以最低的价格成交，我们通常会问销售员："最低多少钱卖？"如果销售员说"你想多少钱买"，你会告诉销售员你的心理价格吗？当然不会，而且你马上会意识到这是销售员在试探自己，在与其沟通的过程中肯定会更加谨慎。

同样的道理，为什么试探客户的过程中，我们得不到真实有效的信息？主要原因就是方法不对。那么，我们该如何试探客户，寻找客户成交的理由呢？

第一，寒暄。朋友好久不见，见面后总是要寒暄几句，在寒暄中，我们会大致了解朋友目前的一些状况。同样，销售员在与客户见面后，也需要寒暄，寒暄时的对话，可以从侧面了解到客户的心理及需求。

比如，销售员说："哇！您今天这件衣服真漂亮啊，太有气质了！"

如果客户兴奋地说："谢谢夸奖，这件衣服可是我……"客户滔滔不绝地向你介绍起了身上穿的衣服，这说明客户有点爱慕虚荣，喜欢被人称赞。如果客户对商品的某方面非常满意，销售员应该积极迎合，也许，这就是客户成交的理由。

如果客户有点害羞地说："过奖了，过奖了，你们这个商品……"客户快速转移了话题，说明客户并不习惯接受他人的赞赏，可能是一位理智的消费者。如果客户对商品某方面只是轻轻地点头，就说明客户对这件商品该方面是认可的，客户有这方面的需求。

当然，寒暄的方式有很多，只要我们仔细观察，就会从中找到有用的信息，更加深入地了解客户。

第二，提问。向客户提问是试探客户、了解客户最常用的一种方式，也是客户沟通中必不可少的方法。通过提问，可以引起客户的注意，引导客户去重视、思考问题，从而进一步了解客户的需求。

试探提问要讲究时间段，不同的时间段根据实际情况提出不同的问题，以此来了解客户的真实意图，确定客户需求，掌握客户交谈的意愿，从而促进最后的成交。提问不合时宜，造成的结果就是客户躲避问题或者给出错误的信息。

比如，在客户还不了解产品的情况下，你问客户："怎么样，看着还不错吧，要不买一个吧？"客户怎么会愿意与你成交呢？这样的提问只会引起客户的警觉。敷衍的客户会说："可以啊，适合我的话一定买一个。"诚恳的客户会说："嗯，我再看看吧！"看着看着，便会转身离去。

正确的试探性提问要有逻辑，比如，在客户完全了解产品后，可以问："您觉得我们这个产品怎么样呢？"或者"您还有什么问题呢？"

如果客户说很好，我们就可以邀约成交。如果客户提出了异议，那我们就明白了阻碍客户成交的原因，针对这个问题解决即可。再如，在寒暄之后，可以问"您有什么需求呢？""我们能为您做什么呢？"等，从客户的回答中，可以探寻到客户真实的需求。

总之，欲成交，需先了解客户；欲了解客户，需敢于试探。

察言观色，寻找客户刻意隐藏的信息

找到了客户的痛点，就找到了说服客户的理由，这是成交的基础。但是，很多客户往往会故意隐藏这些痛点不让销售人员发现。所以，对作销售员来说，要找到客户的痛点并非一件容易的事情。

客户为什么要故意隐藏某些需求信息呢？换位思考就能明白其中原因，一位消费者在服装店看见了一件自己非常喜欢的衣服，他会当着销售员的面表现出兴奋与喜爱吗？有经验的消费者肯定不会，因为他知道，这样他就不能以最低的价格拿到这件衣服了。通常的做法是他会故意看别的衣服最后绕到这件衣服上，这就是客户通常刻意隐藏某些成交信息的原因。

成交过程从某种角度讲就是一个谈判的过程，如何能够在这次谈判中取胜，关键在于能否提早知道对方的底牌，但是，客户是不会向我们轻易透露底牌的，那么，就需要销售员通过察言观色，从侧面了解客户的内心世界。

张辉是一家汽车 4S 店的销售顾问，从事这个行业已经三年有余，具有一定的销售经验。

这天，店里进来了一位客户，女性，30 岁左右，戴着墨镜，右手挎着一个小包，穿着很时尚，给张辉的第一印象是，这名客户有钱，应该会买高端车型。

简单地打招呼后，张辉带着这名女性来到高端车型摆放区，向客户介绍："这是今年的新款，29.8 万，高配，2.0T 排量，某某涡轮发动机，四轮碟刹……"

张辉在介绍的过程中，发现这位客户对这款车并不是非常感兴趣。

接着，张辉准备向客户介绍中配车，可是还没说几句，客户说："好的，我知道了，我先看看，有需要我叫你。”

既然客户提出不需要介绍，他只能跟在客户身后，让客户自己看。

走到一款低配车型时，客户很随意地说：“这款车看着挺有意思啊，小巧玲珑。这多少钱啊？”

此刻，张辉从客户直接问价格上似乎明白了，客户肯定是看中这款车了，或者可能本来就是看这款车的，如果仅仅对这款车的外观感兴趣，一般不可能直接问价格。这是张辉的分析。

张辉说：“这款车 9.9 万元，停车方便，省油，非常实用。”

客户说：“这么贵啊，我朋友上个月买的好像和这个一样，才 9 万元。”

这一次，张辉更加确定，客户就是来看这款车的。此外，从客户以上的表现来看，客户说朋友买的才 9 万元并不一定是真的，只是一种想压低价格的手段，且客户想要的是便宜实惠。

作为一名优秀的销售员，张辉判定客户是来看这款车的，而且他希望 9 万元能够成交。明白了这一点，张辉开始与客户沟通，首先他顺水推舟地说道：“既然您的朋友买了这款车，想必您也比较了解了，我们这款车……”

车型介绍完，于是，开始与客户沟通价格，张辉说：“您朋友买的 9 万元，这个可能不是从我们这里买的，有可能是特价车，也有可能是从地级二渠道买的，原因很多，这个不好说，我们是厂家直营 4S 店，售后保修有保障，且这个月做活动，买车送装饰……”

经过沟通，最终，客户以 9.9 万元送装饰的价格买下了这台车。

分析这个案例，销售员对客户的判断有些是正确的，而有些是错误的。比如客户刚进店，就从客户的衣着判断客户是来看高端车的，这个不准确。从客户的言语及问题判定客户是看 9.9 万元这款车型的，且需要便宜实惠，这个是正确的。那么，为什么会判断错误呢？

主要原因是判断要素太单一，所谓察言观色，要从多个方面、结合实际环境去分析，而不是从客户单一的表现就断定客户的需求。

为此，在挖掘客户潜在或故意隐藏的需求时，我们需要注意这样几点：

第一，从衣着看性格，定沟通方式。很多销售学、心理学教人们从衣着去分析一个人的消费能力，这种方式是错误的。放眼当下，有些穿着很朴素的人消费能力往往很高，而一些穿着时尚、讲究的人消费能力可能并不高。但是，从衣着是可以看出一个人的性格的，比如穿着时尚的人，往往性格外向，追潮流，我们就可以与其聊一些时尚的话题，说话的方式开度可以更大一些。

第二，从眼神看关注点，定客户需求。俗话说："眼睛是心灵的窗户。"客户说的话可能是在敷衍，但是他的眼睛不会敷衍，眼睛的关注点往往体现的是客户心里真实的想法。比如，在你讲的过程中，客户眼睛与你接触时间较长，说明客户对你所说的内容感兴趣；如果你在介绍这个产品，客户却时不时看向其他某一件产品，说明客户最关心的是另外一件商品。总之，注意观察客户的眼睛，会从中发现很多有价值的信息。

第三，从态度看客户心情，定表达方式。有些人觉得从客户的态度就可以看出其是不是真买家，这种说法并不完全正确。比如，有些客户表现得漫不经心，很傲慢，态度不是很积极，而这类客户往往都是真正的大买家。相反，一些积极询问、沟通的客户，可能只是想了解一下，并不是真正的买家。所以，正确的方法应该是从客户的态度看客户的心情，而不是断定其是不是真正的买家。比如客户的态度不是很积极，甚至有些傲慢，这说明客户心态沉稳，思维理智，沟通中应该以理服人，不但要说明产品功能，而且要说得有理有据。相反，客户态度积极，问东问西，可单刀直入，应以知识点为主，告诉客户这是做什么的，无须过多解释。

在这个世界上，为了某些不便说的目的，任何隐秘之事都藏于人的内心，要说服对方，就要找到隐秘之事外在的变化，了解其规律，我们就可以采用相应的方法寻找到真相。

尽管人心隔肚皮，客户的心理很难把握，但只要我们认真观察，还是能够正确解读客户刻意隐藏的一些信息的。

与客户聊天也是一种销售技巧

聊天可以拉近与客户之间的距离，可以加固彼此之间的情感，一个会聊天的业务员，可以从只言片语中明白客户的需求，提升成交的概率。

某天，我在网上浏览新闻时，在论坛上看到了一个网友的问题是：“我是一名销售员，大学毕业已经两年多了，工作中经常会接触到一些比我工作经验丰富的客户，每次在与他们沟通时，总感觉自己像幼儿园的小朋友一样，他们似乎不太信任我，没有太多的话题和我聊。我一直在摸索，可是找不到方法与客户很好地沟通，还请各位智者支招。”

对于这位销售员的问题，我想很多销售员都遇到过，见到客户不知道说什么好。说了，客户似乎不愿意听；不说，造成冷场尴尬局面，与客户之间的距离无法拉近，客户的需求无从知晓，因此丢掉了很多客户。

为此，我们要坚定一个观念，与客户聊天是十分有必要的，不要认为与客户聊天是在浪费时间,耽误了与其他客户沟通,开发其他客户,这是一种错误的观念。

此外，要明白与客户聊天的目的。从销售的角度来说，主要有这样几个方面:

首先，建立情感，拉近与客户之间的距离。与我们在生活中一样，聊天可以增进彼此之间的情感，加深彼此了解，是从说场面话到说心里话必经的一个环节，闺密、死党就是这样形成的。同样，与客户聊得越多，越投机，彼此的距离就越近，客户就越信任你，而这一点是成交的关键要素。

其次，探知客户需求，找到影响客户成交的理由。销售中的聊天并不仅仅是谈天说地，彼此开心就好。作为销售员，我们时刻要保持一种职业素养，那就是探寻客户的需求。而友好的聊天往往会让客户放松身心，这正是我们探知客户需求最好的时机。

那么，我们应该具体如何与客户聊天，既能让客户开心，又有助于最终的成交呢？

第一，选择合适的话题。聊天首先要有话题，话题的选择取决于客户聊天的品质。我们可以从以下几个方面进行选择话题。

从客户性别甄选话题。对于大多数客户来说，女性客户，如果对方未婚，可以聊时尚；如果对方已婚，可以谈孩子。男性客户，因为在中国，不管是家庭还是社会，男性通常要承担更多的责任和压力，他们对自己的事业通常看得比较重，为此，可以与他们聊时政、聊人生规划，分享一些成功人士的案例等。从这个方向出发，客户一般都愿意与我们聊，拉近与客户的距离也就容易了。

此外，我们需要注意的一点是，对于一些高层次的客户来说，比如老总、高管等，这种方法并不一定适用。因为与客户不熟，与女性客户聊时尚，她会觉得你很俗；与男性客户聊事业，他可能比你知道的还多，觉得与你聊天没意义。对于这类高端客户，我们也不用担心没有话题与他们聊，俗话说“术业有专攻”，可以与他们聊你专业领域的话题。一方面，从产品专业的角度讲，你一定要比客户知道得多；另一方面，既然你能够与客户接触，说明客户是有需求的，对产品是感兴趣的。所以，与这类客户聊产品相关领域的话题，通常能够让对方对你刮目相看。

第二，与客户聊天的基本准则。

首先，充分准备。在拜访客户前，先对客户有一个大致的了解，准备几个可以聊的话题。保持良好的心情，带着一种认识朋友的心情出发。

其次，懂得赞美。任何人都喜欢听到赞美的语言，当然，赞美要恰如其分。在赞美中，客户通常会对我们产生好感，在聊天话题介入后，客户也更容易接受。

最后，聊天互动。聊天不是你说对方听，而是彼此之间进行的一种交流和探讨，没有互动的客户聊天对销售来说是没有任何意义的。

记得有一次，我与一位销售员洽谈订购他们公司产品的事宜，这位销售员功课做得很充足，不清楚他是怎么知道我喜欢钓鱼的，他主动提起了钓鱼话题。因为平时没事经常约好友去钓鱼，所以一听对方提到钓鱼，瞬间提起了我的兴趣，准备与其探讨一番。

但是，对方打开话题之后，滔滔不绝说个不停，有好几次我想插话说说自己的看法，却始终无法介入。可以想象一下，对于自己感兴趣的话题，想要表达自己的观点，对方却不给机会，这是何种的憋屈。最终，我不得不打断谈话，结束话题。然后觉得对方与我聊钓鱼话题是有备而来，有一种被引诱操控的感觉，很自然地警觉起来。

显然，对方是想通过我感兴趣的话题拉近与我的距离，建立情感基础。结果却适得其反，对方不但没有与我拉近距离，反而让我更加警觉，对方想要说服我与其成交，势必会更加困难。

所以，与客户聊天一定要给客户留互动入口，不要自说自话。

第三，与不同性格客户，聊天要采用不同沟通方式。从一个人的脾性分析，客户分很多种，比如沉默型、唠叨型、和气型、骄傲型、吹毛求疵型、暴躁型等，不同类型的客户由于性格不同，沟通方式也要有所不同，以适应他们的脾性。

沉默型客户，销售员需要积极发问，寻找话题。

唠叨型客户，通常比销售员还能说会道。这时，销售员需要做好引导工作，引导其说一些与产品相关、对方需求相关的话题。

和气型客户，通常彬彬有礼，待人友好，那么，我们在与其沟通时也要讲究礼节，说话不要有口头禅，尊重为先。

骄傲型客户，通常喜欢自夸自赞，觉得自己很了不起，高人一等。这类客户虽然很多时候让人厌烦，但是作为销售员，始终要以“客户就是上帝”来对待。对于这类客户，在聊天中以“捧”为主，多称呼他的头衔或他引以为傲的职称，附和他的一些观点，适时提出一些其擅长的话题让其发挥，充分满足其心理需求。这样，在聊天中我们也能更多地探知其对产品的需求点。

对于吹毛求疵型客户，销售员要多赞美附和，例如，“王总，您真是一个细心的人，您还有什么要吩咐的吗？”“李董，您的严谨让我佩服，请教您一下……”

暴躁型客户，通常性格外向，不会刻意隐藏。表面上看这类客户很不好打交道，其实，这类客户最容易沟通，因为其性格外向，往往更容易释放出一些真实的需求信息。与这类客户沟通，只要找到其感兴趣的话题，而后展开探讨即可。

第四，注意与客户聊天的禁忌。聊天本应是一件轻松愉快的事情，然而，如果触犯了一些原则性的问题，聊天就会变得尴尬。所以，在与客户聊天过程中，还要注意一些禁忌：

不自夸。通常，销售员对客户来说就是一个陌生人，为此，销售员的自夸只会让客户反感。

不谈有争执的话题。如果某个话题你和客户意见不一致，就要巧妙避开，不要深入探讨。

不诉苦发牢骚。有些销售员在客户面前抱怨说“销售不好干啊，真的很辛苦”等抱怨性的话，这只会让客户对你失去信心。

不说同行、他人的坏话。当谈到某些人或某家公司的时候，不要当着客户的面说某人或某公司的坏话，因为这样会让客户认为你可能也会在他人面前说自己的坏话，从而在聊天中对你有所保留。

总之，不管与什么类型的客户聊天，采用什么方式聊天，有一个主旨一定不能忘：聊天是为了成交，是为了了解客户的需求，找到决定客户成交的理由。

有了需求和痛点，你还需要客户的兴趣点

这几年，在营销领域“痛点”这个词很流行，尤其是在互联网行业处于风口浪尖的时候，寻找客户“痛点”几乎成了营销的代名词。

前一段时间，有位做营销的朋友从国外回来，在某企业担任销售总监，无意间一起聊到了这个话题。

朋友:“做销售这么多年，周围的人都在谈找客户兴趣，其实，明确客户需求，然后找到客户兴趣，这个销售逻辑没错，但其实效果并不是那么明显。”

我：“怎么说呢？”

朋友：“比如有人需要买一台高清的电视机，当我们把高清电视机放到他面前时，他却会有很多顾虑，还是难以成交。”

我:“我也注意到了这种现象，需求与兴趣这个系统中似乎还缺少一种要素。”

朋友：“这个理论不错，关键落地较难，一线销售人员难以掌握。”

很多销售员都会遇到这样的问题，客户的需求已明确，兴趣也找到了，然而，客户还是不买账。是什么原因呢？我们来分析一下，在需求和兴趣中，到底需具备哪一种要素，才能让成交更加顺畅。

所谓需求，就是客户的基本需要，比如我们要吃饭，要用电脑工作，出差要住宿等。所谓痛点，就是在需求的基础上，提升需求质量的要素。比如，吃饭要有菜，没有菜吃饭会让自己很“痛”；电脑要高配，低配电脑工作起来很“痛”；住宿要舒适，睡在硬板床上也很“痛”，如此，等等。

这样来看，客户的兴趣问题其实很好解决，产品丰富延伸一下，让客户能有

多样化选择，给客户配一些好菜，电脑配置提升，房间舒适度多样化，就能满足客户的需求。然而，在实际销售中却不是这样，比如饭店有小龙虾、蒜苔炒肉，然而有些客户并不喜欢吃这两种菜，也就是说不感兴趣。

为此，我们可以看出，在销售过程中，除了客户需求、兴趣外，还有一个要素非常重要，那就是客户的兴趣点。我们来梳理一下：客户饿了需要吃饭（需求）——饭店除了米饭外还有炒菜（痛点）——饭店有菜品：鱼香肉丝，客户最喜欢吃鱼香肉丝（兴趣）。

这样一个系统下来，客户自然会成交。而这个兴趣点就是决定客户是否成交的关键要素。换位思考，我们去购物，想买一个包包，到了店里发现没有自己喜欢的颜色或者款式，这时往往会放弃购买。原因是自己的兴趣点没有得到满足。

客户需求和兴趣这个容易理解，很多销售员也在用，我们该如何寻找及把握客户的兴趣点呢？

我们来分享一个案例。有这样一位销售员，做得不是很顺利，时常被客户拒绝，有些客户自己过去推销没有成交，而同事过去却成交了。为此，很是不爽。有一次，他浏览某电商网站，看到客户对商品的评论，发现一个很有意思的事情：同一个商品，有些人觉得外观漂亮，有些人觉得性能好；同一个点，有些评论好，有些评论不好。这说明客户的兴趣点不同，成交点也不同。

也就是说，在需求、兴趣具备的情况下，找到了客户的兴趣点，就能够快速成交，否则，成交依然会很困难。比如一台电视机，客户想要高清尺寸大的，这是客户的兴趣，但满足客户此兴趣的同类产品很多，客户买谁家的都一样。如果你知道客户对流线风格非常感兴趣，而你的产品中正好有这样的款式，那么，以这个点为重，必能与客户成交。

可从以下几个方面洞察客户的兴趣点：

第一，直接沟通。这是一种最直观的方式，在聊天中解答客户的疑惑，在询问中了解客户的兴趣。比如，在聊天中得知客户企业的机器过于陈旧，时常耽误生产进度，让客户很是头疼。当你向客户介绍了自己的产品后，客户很满意，能够解决当前让自己头疼的问题。而客户着重问道：“你们的机器后期维护成本怎么样？”显然，这就是客户的兴趣点。

第二，数据分析。我们在拜访客户之前，通常都会对客户有一个了解，那么，通过分析客户信息也可以判断出客户的兴趣点。比如，你销售的是保健品，通过资料分析发现客户之前吃过很多品牌的保健品，这说明客户对原先的产品并不满意，客户的兴趣点就是产品效果。这时，我们可以通过客户见证、证书奖项等方式来迎合激发客户的兴趣点。

第三，生活性格分析。一个人的生活习惯、性格不同，对产品的兴趣点也会不同。比如，客户是一个追求时尚的人，在满足客户需求及兴趣的情况下，要把产品的时尚元素充分展现出来，这样就可以迎合客户的“口味”，顺利成交。

避开干扰，理智了解客户真实需求

通常，销售中是否能够成交，关键在于销售员对客户真正需求的认知与把握，否则，我们认为客户需要购买的理由，在客户看来可能不是那么重要，说服就失去了力度，成交就成了空谈。

比如，在与客户讨论价格的环节，当我们报出价格后，客户很快做出反应说：“这也太贵了吧？”

是我们的价格太贵了吗？不尽然，很多时候，这只不过是客户消费过程中的一个习惯，即使你报出最低的市场价，客户也有可能会说出这句话，其目的显而易见，就是和你讨价还价。对此，我们要注意客户的措辞、态度及行为，这不是客户的真心话，也不是客户的真正成交理由，客户不会因为你降价就与你成交。

有些销售员对于客户提出价格异议后的做法是询问客户今天会不会购买，有没有购买能力。这种方式对于当下趋于理智的消费者来说并不适用，你问客户今天会不会购买，大多数客户都不会告诉你肯定的答案，大多会说：“先看看，合适的话会买。”这只是一种场面话而已，合适不合适都是客户说了算。

为此，正确的做法是转移话题，引导客户去关注产品的其他方面，而后综合分析做判断。

比如可以说：“这是全国统一售价，您看我们的产品质量……售后服务……”转移话题，与客户探讨有关产品的其他方面，仔细观察客户的反应，综合分析客户的反应，从而锁定客户最为关注的点。

有一位客户，一台桑塔纳开了近20年，最近终于准备换车，于是他来到了一家汽车4S店。

一进门，就被一位热情的销售顾问“拦住”了，并热情地介绍起店里的车型。客户走到一款越野车前，问道：“这款车多少钱？”

销售顾问：“38.9万。”

客户:“太贵了,我转了好多4S店了,同样的款式同样的配置,你们是最贵的。”

销售顾问：“一分价钱一分货嘛，我给你介绍介绍我们这款车型与众不同的地方吧。”

客户：“好啊！”

这位销售员把这款车的优势、特点、服务等特点一一做了说明。

客户听后并没有提出什么异议，但是又针对该车型挑出了很多问题，诸如耗油、外观不好看、座椅不够人性化等。最后说道：“这样，说实话我今天并不是专门过来看车的，只是逛到这里了，价格再优惠点，我今天就开走了。”

听了这话，这名销售员似乎明白了些什么，说道:“这样，价格是全国统一价，这个我们的确无能为力，我向经理申请一下，看能不能在其他方面给您一些补贴。”

客户听后说：“好吧。”

销售顾问离开后，一会儿便从办公室出来了，高兴地说：“恭喜您，我向经理做了申请，同意赠送您1000元的装饰，不过仅限今天提车。”

客户想了想说：“好吧，就这样吧。”

从案例中可以看出，客户是喜欢这辆车的，对价格也能够接受。只是觉得还应该得到点什么，这就是典型的占便宜心理。客户面对自己喜欢且价格能够接受的产品，总觉得就这样成交有点亏，为此，他们总是想方设法地索要一些优惠，而这些优惠就是推动客户成交的最终理由。

换位思考，我们每个人在消费过程中都会有这样的心理，即使价格能接受，产品满意，总是要再争取一些利益才会甘心成交。只是有些客户自己也不知道该争取点什么，于是就挑产品的毛病，这里不满意，那里不合适，而事实是他们并没有不满意，只是想找到一个让自己下决心购买的理由而已。

作为销售人员，我们要避免被客户这种杂乱的要求所干扰，不要客户说什么你就认为是什么，把客户的借口当作真实异议去解决，这样不但无法有效解决客户问题，增加了销售成本，而且成交率也会下降。我们要综合分析，理性判断，把客户前后的语言、行为进行对比，判断出客户的真实需求，而后有针对性地进行沟通。

要做到这一点，需要注意以下几个方面：

第一，仔细听，认真看。句俗话说："听话听音，锣鼓听声，"意思是我们沟通中要懂得倾听对方的弦外之音。很多时候，客户提出的每一个需求并非都是真实的，只是想与你在谈判中获得有利位置。或者是其他原因，比如客户非常想要某一件商品，并且已经与销售员沟通了很久，就在想要成交的时候，有朋友打电话告诉他有一个店的商品比这里的更加便宜，这时客户就会犹豫，对于性格外向且直接的客户来说，他可能会直接告诉业务员实情，但是对于一些性格比较内向且爱面子的客户来说，他可能不好意思说出真实原因。那么，他就会竭尽全力地去想一些冠冕堂皇的理由来停止这次交易。

对此，我们要通过他"话外音"判断他的真实需求，否则就无法与客户成交。做好这一点的关键在于分析客户所说的话、语气、肢体行为，进行综合判断，如果这三者表达的目的不统一，有矛盾，就说明客户释放出的是干扰信息。

第二，巧引导，侧面了解。对于客户提出的一些异议，我们不可不信，也不能全信，需要进一步确认挖掘。方法之一就是转移话题，从别的话题上印证客户提出的异议，挖掘客户的真实需求。

比如客户说价格太贵，要求优惠。我们不要急着去降价，先与客户探讨产品的质量、售后等问题，了解客户目前消费的档次，比如一块手表 4000 元，通过了解得知他目前使用的手机是7000元,那么就说明客户不是因为价格贵而不成交，价格并不是其真正的兴趣。然后用同样的方法与客户探讨其他方面，就能够找到客户真正的兴趣。

旁敲侧击，问对问题识对人

提问是一门艺术，倾听是一门学问。不同的问题客户会给予不同的答案，不同的答案隐藏着不同的信息。问对问题，我们就有机会找到客户的兴趣。

对于初次见面的客户，我们通常会通过问问题来了解客户的需求，挖掘潜在客户的需求，这是销售员与客户沟通最常用的一种方式。但是，有些销售员通过问客户问题可以了解到客户的真实需求；而有些销售员虽然问了很多问题，但对于客户需求仍然是一头雾水，其原因就是后者没有问对问题。

对于有些问题，客户会如实回答，而有些问题客户不一定会如实相告。比如，“您买车的主要用途是什么呢？”这个问题不会涉及客户利益问题，所以通常客户都会如实回答。“您想买什么价位的车呢？”这个问题可以探听出客户的成交定价，一些精明的客户定会敷衍回答。那么，我们就需要通过其他问题来探知客户的某些需求。

此外，对于某些客户，他们并不知道自己的兴趣是什么，或者说他们所认为的兴趣并不是真正的兴趣，这就需要我们通过问题来激发他们，让其意识到兴趣。那么，我们如何问才能发现客户的兴趣呢？总体来说，问客户问题可分三种形式：

第一，开放式提问。

所谓开放式问题，就是问题没有局限性，问题中没有选项，只有主线范围，客户可自由发挥回答。这种提问方式的优势在于灵活性大，可以运用于各种问题中，能够引导客户积极思考，尤其是在对客户一无所知的情况下，可以通过这种问题更加深入地了解客户。

比如销售员问：“您想要一款什么样的产品呢？”“有什么能帮您的呢？”其实潜台词就是问客户的需求是什么，客户可能会说：“我需要一款能够……产品”，也可能会说：“我现在有……问题”等，显然，客户的回答就是他们的需求。

比如销售员问：“通过我刚才的介绍，您觉得怎么样呢？”

对于这个问题，客户可以从多个角度去回答，但主线只有一条，那就是针对产品回答。例如，针对销售员所介绍的产品回答：“我觉得挺好，就是你们的售后……”这时我们就可以知道售后是客户的需求之一；再如，从自己的需求去回答：“产品挺好，但我现在的问题是……”这样，客户的需求就会被引导出来。

小刘是某企业办公管理软件的销售员，一天，一家企业打电话到公司说想了解一下他们的管理软件，公司派小刘去洽谈。

来到客户办公室，小刘先进行了简单的自我介绍，然后说道：“您的公司真整洁，规模也很大，看起来是那么井井有条，请教下，这么大的公司，您怎么管理得这么好呢？”

客户：“一点也不好管理啊，原先我们在其他地方办公，只有十几个人，很好管理，现在员工有50多个，管理起来很是吃力啊，就想看有没有管理软件用用，这不，就找到了你们。”

小刘：“我非常理解您的苦衷，我们有很多客户原先也是像您这样。那么，您在管理中主要遇到的问题是什么呢？”

客户：“我们是一家销售公司，销售方面、财务方面的问题不大，有销售经理和财务经理负责，最让我头疼的是仓库及客户方面，很多客户不知道是怎么丢的，有些产品卖完了，不能及时补货，经常出现断货的现象。”

听了客户的苦衷，小刘瞬间明白了客户的需求。小刘说：“的确，没有一个系统的软件的话，这些东西管理起来不但让人头疼，而且容易出错。我们这款管理软件的主要功能有采购管理、销售管理、财务管理、客户关系管理、仓库管理、企业即时通信、层级管理等，是一款全方位的管理软件，尤其是仓库管理和客户管理这两个功能……”

小刘进行了大致的介绍后，又详细介绍了仓库管理和客户管理这两个功能，并拿出一些案例进行对比说明。

客户与小刘当场签订了合作协议。

在这个案例中，我们可以看到，小刘的两个问题都是开放性问题，而且针对性很强，从第一个问题中，小刘知道了客户的需求；从第二问题中，小刘找到了客户的“痛点”，也就是找到了决定客户成交的关键理由。

特别注意的是，小刘在问第一个开放性问题时采用的是聊天式口吻，这一点非常重要，这种开放式问题，客户更愿意参与其中，并认真回答。

采用开放式向客户提问时，有这样几个原则：

1. 问题简介明了，客户能够完全听明白。

2. 问题与客户需求紧密相关，通过回答我们可以获得更多客户需求信息。

3. 问题新颖，能够激发客户的兴趣。

4. 问题有利于营造销售氛围。

第二，封闭式问。

这种提问方式通常放在开放式提问之后，是对某些问题的再次确认，例如：

销售员：“您现在没有用管理软件吗？”

客户：“是的。”

销售员：“您现在最大的问题是库存管理和客户管理对吧？”

客户：“是的。”

需要注意的是，很多销售员会用封闭式逻辑提问的方式去说服客户，比如：

销售员：“您的电脑是不是经常卡顿？”

客户：“是。”

销售员：“是不是影响了您的工作效率？”

客户：“是。”

销售员：“我们这款电脑的速度快不快？”

客户：“蛮快的。”

销售员：“那您是不是应该买我们这款电脑呢？”

……

这种方式在多年前还是较为实用的，但是，对于情商、智商日益提高的消费者来说，容易让消费者觉得你在玩逻辑游戏，反而会产生警惕甚至厌恶感。所以，尽量少运用封闭式提问去说服客户。

第三，策略式提问。

所谓策略式提问，就是在问题中加入更多的细节及详细引导性的内容，引导客户进行深层次对话。例如：

销售员：“您能具体描述一下，您日常的管理工作依靠的是什么工具吗？”

客户：“用 Excel 软件汇总，然后分析。”

销售员：“在客户管理中，您具体是怎么做的呢？”

客户：“销售经理汇报给我，我经过汇总……”

通过策略式提问，我们能够更加明确地了解客户面对的问题是什么，潜在“痛点”是什么，便于我们有针对性地解决。通常用到的词汇有：告诉、分享、描述、解释、具体等，目的在于让客户进行详细的阐述。

需要注意的是，不要每一个问题都采用策略式提问，因为对于客户来说，回答策略式问题需要更多的思考，所以，单一的策略式提问会让客户感到厌烦。

恰当的提问方式应该是开放式提问开头，且最好以聊天的方式进行；封闭式提问和策略式提问相结合，确定和深入了解一些客户需求信息。

第三章

即使你没那么优秀，但成交理由必须优秀

成交理由千千万，选对用对才是关键

客户购买一件商品的理由也许有千万种，但起决定性作用的却只有几条，选对、用对客户的成交理由，如同选择一件适合自己的衣服一般，成交必将事半功倍。

在经济快速发展的今天，商品日益多元化及丰富，同类产品中，不同品牌如雨后春笋纷纷树立，琳琅满目，各种广告满天飞，都在不遗余力地向客户展示着购买他们产品的理由，仿佛在说：“选择我，没错的。”

然而，大多数客户都是理智的，头脑永远是清醒的，他们不会将口袋里的钱轻易地交给我们，为此，销售员这个职业的作用便更加凸显了，销售员与客户面对面沟通，挖掘客户的需求，说服成交。在我们了解客户需求的过程中，我们通常会发现，客户购买一种产品的理由其实有很多。

比如，有一位客户要买汽车，他的理由可能有：代步、自驾游、外出方便、有面子、提升地位、流线型强、通过性好、省油、保养费用低、安全系数高等，总之，他要购买一辆车的理由很多很多。

那么，我们不可能把每个理由都拿出来一一去说服客户，因为这样不仅需要耗费销售员及客户大量的时间与精力，而且客户很多时候也不愿意听。因为很有可能你说的那个理由对于客户来说并不重要，你的长篇大论不会吸引客户的注意，反而会让客户厌烦。

为此，我们需要选择有用的理由，然后用恰当的方式去与客户沟通，客户才会买我们的账。那么，什么样的理由对于客户来说才是有用的呢？一般，把握这样几个原则，就能够选对简洁高效的成交理由。

第一，利益核心原则。

产品有核心价值，客户有核心利益，产品的核心价值并不一定是客户的核心利益。所以，我们不能将产品的核心价值作为客户的核心利益，当作成交理由去说服客户。

我们很多销售员，一上来就向客户介绍产品的核心价值，无可厚非，这是产品的亮点，是最能说明产品价值的点，但是，对于某些客户来说，能够打动他的可能是产品的其他点。

比如有一家婚纱摄影店，全国都有分店，具有一定的品牌力量。有一对年轻恋人进店后，销售员说："我们是全国连锁店，国内知名品牌，曾获得国内团队婚纱摄影二等奖……"

销售员说了半天，客户听得有些云里雾里，不知所以。最后先生打断销售员的话说："你能不能给我们看看你们这里的拍摄风格及样品？"

显然，销售员是把产品的核心价值当作客户的客户利益看待了。对于客户来说，他对摄影就是外行，目的是要拍摄一套好看且价格便宜的婚纱照，这才是客户的核心利益，至于销售员说的摄影获奖、知名品牌等，对于大多数客户来说但是次要需求。

再如，可能你的产品包装精致，价格优惠，对于有些客户来说，可能是决定成交的主要理由，而对于有些客户来说，他不在乎这些，他在乎的是你的产品是不是能够完全解决他的问题。

所以，选择成交理由，不要自认为产品的核心价值就是客户最为关心的，先和客户沟通，了解客户的需求后，再围绕客户的核心利益而定。

第二，产品唯一性原则。

在把握利益核心原则后，我们要围绕产品的唯一性寻找成交理由。俗话说"物以稀为贵"，如果世界上只有一件产品，那么，这件产品肯定是非常抢手的，应用的原理便是"稀缺效应"。也就是说，每个人都想获得和别人不一样，都想彰显自己的不同，这是人性的需求。

那么，这个时候，我们就需要阐述产品某些特点的唯一性，也就是产品的优势。告诉客户，这种设计、特性只有你有，别人没有，如果条件允许，还可以告诉客户“你是第一批拥有我们这个产品特性的人”，从而激发客户的优越感。

苹果手机价格很贵，但每更新一代销售都很火，而且有些人连夜排队抢购，有些人即使已经有好几个苹果手机了，但只要有新一代的苹果手机面世，他就会积极购买。原因之一就是新一代的苹果手机具有唯一性，这些人都想享受这种唯一性而衍生的优越感。

所以，选择客户成交的理由，应该把握好产品唯一性原则。

第三，产品品位原则。

每一个产品都有其不同的文化理念，即使没有，厂商也会赋予其一定的品位价值。这样的产品也是一个有生命、鲜活的产品。

不可否认，有相当一部分消费者在消费时由品位决定着，比如有两家餐厅，一家是主题餐厅，不管是装潢设计还是菜品设计，都很有文化底蕴及品位，但是菜品价格很高；另一家是一般的餐厅，硬件设施一般，菜品价格却很低。同样的菜，有些人宁可多花一些钱也会去主题餐厅，因为他们需要的是品位带给自己的优越感。有些人则打死也不会去高消费的主题餐厅，因为他们要的是实惠。概括来说，其实消费者就分这两种，首先搞清楚客户属于哪一种，再有针对性地给出说服理由，成功的概率会更高。

那么，如何判断是追求实惠型客户还是追求品位型客户呢？

其实很简单，如果客户开口第一句话问的是价格，大多都是追求实惠的客户；如果客户第一句话与你探讨的是产品设计、品牌等，大多是追求品位的客户。

第四，产品概念原则。

在把握前面三点的基础上，我们还可以从产品概念处找到恰当的成交理由。有这样一群客户，看到别人买什么他们就买什么，或者看到一些情感绑架类的广告词就会毫无犹豫地去购买，比如脑白金的广告词：“今年春节不收礼，收礼就收脑白金。”这个广告词阐述的理念是孝顺，倡导的是孩子要关心父母的健康。潜台词就是在告诉你：怎么关心？那就送脑白金！

其实，这是一种营销理念，很多客户对产品功效、作用其实并不知晓，只知道我们应该孝顺父母，那么就送脑白金。

为此，从这个点出发，也可以找到适合的成交点，把握产品概念原则，在一定程度上也能够与客户快速成交。

一句话成交一个客户

优秀的销售员一句话就能说到客户心里，赢得好感与信任，成功签单；而有些销售人员滔滔不绝地说一个小时也无法打动客户。其中的区别是什么呢？

在销售行业，有这样一个经典案例经常被学者搬出来说教，我们不妨回顾一下：

有一位老太太去菜市场买苹果。菜市场有 4 家卖苹果的摊贩。经过第一个摊位时，摊主吆喝道："我的苹果又甜又好吃，大妈买点吧！"

老太太看了看摊主，摇头离开了。经过第二个摊位时，摊主急忙说道："早上刚刚送来的新鲜水果，又甜水分又大，买点吧！"老太太二话没说便离开了。

经过第三个摊位时，摊主热情地说道："大妈，您要什么种类的苹果？我这里很全。"

大妈："有酸的吗？"

摊主："有啊，您要几斤？"

大妈："给我来一斤。"

买完苹果后，大妈准备回家，路过第四个摊位，看到摊位上也摆放着一些苹果，便问道："你的苹果怎么样啊？"

摊主说："今天刚到的新鲜货，您想要什么口味呢？"

大妈："酸的吧。"

摊主："一般人都喜欢吃甜的，您怎么喜欢吃酸的呢？"

大妈：“儿媳妇怀孕了，喜欢吃酸的。”

摊主：“恭喜啊，俗话说酸儿辣女，您儿媳妇一定会给您生一个大胖小子的。”

大妈乐呵呵地说：“谢谢谢谢，来，给我装三斤吧。”

分析这个案例，老太太经过了4个摊位，为什么只在第三个和第四个摊位购买了苹果呢？

原因很明了，第三个摊位和第四个摊位老板说出的购买理由符合老太太的需求，客户需要酸苹果。

而最厉害的当数第四位摊主，老太太已经在第三位摊主那里购买了苹果，他仅凭一句话“恭喜啊，俗话说酸儿辣女，您儿媳妇一定会给您生一个大胖小子的”，又让老太太买了三斤苹果，不得不让人佩服。原因就是第四位摊主给的成交理由充分符合客户的心理需求。一般来说，老人都有点封建思想，都想让儿媳妇生一个大胖小子。

老太太为什么来菜市场？是因为儿媳妇怀孕了，喜欢吃酸的，更深一层地讲，是因为她想让儿媳妇为她生一个大胖孙子，这是她购买酸苹果的终极理由。换句话，是否能够让我购买，就看销售员能不能满足我的理由。

第四位摊主的这句话有点赞美奉承的意思，但更多的是对客户购买理由的强化，潜台词是：“既然爱吃酸的，那就多吃酸的，一定生儿子。”老太太听了必然喜欢，自然会高兴地多买一些。

所以说，“一句话成交一个客户”并不是标题党，我们是可以做到的，只要你说的对，能够说到客户的心里，让其意识到购买理由的强迫性，客户会毫不犹豫地做出成交的决定。

那么，我们如何才能做到“一句话成交一个客户”呢？

第一，换位思考。换位思考的目的一方面是寻找客户的需求，也就是成交理由，但最重要的一方面是确定客户成交的主要理由。

比如客户要买一台电脑，首先站在客户的角度分析他的购买理由是什么。通常，客户的购买理由无外乎办公、玩游戏、设计、生活记录等，然后再与客户进行沟通，在这个过程中就可以大致确定客户的主要购买理由。比如，客户说最近在玩“吃鸡”游戏，原有的电脑配置不高，运行游戏时经常出现卡顿现象。我们就可以得知，客户购买电脑的主要目的是玩游戏，影响其是否成交的主要理由是：玩游戏不卡顿，运行顺畅速度快。

第二，找准视角。同样的购买理由，不同的说法给客户的感觉不同，也会影响客户的成交欲望，只有找准视角，我们才能达到“一句话成交一个客户”的效果。

有一个女孩站在23楼的楼顶准备结束生命，亲朋好友劝了很长时间都没有作用。随后，警察心理谈判专家赶到，了解女孩的情况后走上楼顶，说道：“美女，你看下面那么多人拿着手机在拍你，而你今天却没有化妆，这可是你人生的最后一次拍照了。”

女孩听后心里一动，随后慢慢地走下楼顶。

有些人可能会觉得不可思议，为什么警察的一句话就能让女孩放弃轻生的念头呢？

原来，这名谈判专家通过对女孩的了解，发现她是一个非常爱美的女孩，平时最喜欢的就是自拍发朋友圈，而且每一张照片都要经过美颜处理。女孩之所以选择轻生，轻生是因为他的男朋友要和她分手。为此，谈判专家断定：美丽的容颜是说服她的最佳理由。

知道这一点还无法达到“一句话说服对方”的效果，还要找对表达视角。案例中对女孩影响最大的一句话应该是“你今天却没有化妆，这可是你人生的最后一次拍照了”。一个那么爱美的女孩，在人生的最后一次拍照中居然没有化妆，这让她实在无法接受，所以，她放弃了轻生的念头。

如果我们换一种视角讲这个理由：“美女，你这么漂亮，就这样走了多可惜啊”“美女，你今天没化妆啊”，女孩可能会想：“我都要跳楼了，还化什么妆啊”，这样就很难说服女孩。

客户沟通也是如此，同样一个成交理由，表达视角不同，重点不同，客户的感受就会不同，说服效果便会千差万别。所以，确定成交理由，找准表达视角，方能一语中的。

说出来的话要经得起考验

说话是一门艺术，更是一门学问，懂得说话的人，会取得事半功倍、锦上添花之效果，不懂得说话的人，往往会出现画蛇添足、前后矛盾的尴尬局面。尤其在与客户沟通的过程中，后者会让我们的语言变得无足轻重，即使你的说服理由再充分，客户都会觉得你在忽悠他，从而拒绝成交。

一天，我去家具市场准备买一个厨房置物的架子，走到了某店面门口，看到里面有很多各式各样的置物架。可能由于是周末，人特别多，其中一位戴着眼镜很斯文的先生与店主交谈着，从顾客的行为举止来看，这位顾客已经有了成交的意愿。

因为并无其他店员可以咨询，而我也不好打断他们的谈话，所以只好边看边等他们谈话结束。

店主："我知道你最关心的是质量问题，你放心，我保证，这个柜子在我们市区绝对是最好的。"

当店主说完这句话后，顾客皱起了眉头，显得有些疑惑，随后问道："是整个市区最好的？"

可以看出，这位顾客是一个非常严谨的人，这可能与他从事的职业有关，医生、会计或者律师等，工作性质比较严谨，养成了从业者较真、谨慎的做事态度。

店主感觉自己可能说错话了，随后急忙说道："就算不是全市最好，也绝对在同类产品中排在前列。"

顾客微笑着说："嗯，我这刚来，再多转几家，如果买，我再过来。"

显然，顾客的说辞只不过是一种想要离开的借口，十有八九是不会与店主成交的。

那么，为什么顾客本来是有购买意向的，最后却没有成交呢？

主要原因就是店主在向客户传送成交理由的过程中，有一句话说得不够严谨，“我保证，这个柜子在我们市区绝对是最好的”，不管是作为消费者还是销售员，相信我们经常会听到类似的话，比如“质量绝对是最好的”“价格绝对全市最低”“这个产品别家没有，只此一家”等。对于说者而言，一种情况是阐述事实，他们真实认为自己的产品质量好、价格优；另一种情况则是夸大其辞，为了诓骗不懂行的消费者。而对于消费者而言，他们大多不会相信，所以这些话不但对他们产生不了积极的作用，反而会造成不良影响，让本来已经有意向成交的心再次发生动摇。

为什么呢？因为这些话说得太满，太绝对了。

但凡遇到一些较为严谨、较真的客户时，你说的每一句话他们都会认真去研究分析，一旦经不起他们的推敲，他们就会对你所说的话产生怀疑，甚至对你整个人不再信任，从而放弃沟通或原本有意成交的打算。

天下有最好的产品吗？当然没有，这是一种不严谨的表达，严重地说是一种欺诈，所以新的广告法规定，广告语不能带有“绝对”“最”“唯一”等字眼。随着人们消费思维越来越理性，对产品宣传内容认识不断提高，逻辑思维能力也在提高。

从销售的角度讲，向客户阐述成交理由，其实也是一种产品宣传方式，尽管是一种口头表达方式，但是也应尽量少用一些决定性的字眼去说服客户，因为世界上没有绝对的东西，这个道理人人都懂。

那么，我们具体该如何阐述成交理由，才能经得起客户的推敲和考验，表达严谨有说服力呢？

第一，逻辑思维。有一个自媒体节目叫《罗辑思维》，相信很多人都看过罗胖子每天 60 秒的视频或部分视频节目。我个人非常喜欢这个节目，原因之一就是非常欣赏他的表达方式，不管是每天 60 秒还是视频节目，他在叙述的过程中不但非常有意思，而且逻辑清晰，无须我们深入思考，一听就能明白其所讲的深刻道理。我想，这就是他的逻辑思维的精髓吧。

作为销售员，我们在向客户阐述成交理由的过程中也应如此，首先，不能出现前后矛盾互相拆台的现象，比如，你说：“在本地区，我们店的这款产品是最便宜的。”随后你又说道：“华夏路××店的价格很便宜，但质量估计您看不上。”虽然你说后面这句话的目的是衬托你产品的质量，但是在价格方面却出现了前后矛盾现象，这是不可取的。

第二，先说结论，再说理由。这种表达方式一方面可避免被客户抓住话柄？另一方面也有利于自己清晰的思维表达以及符合听者的思维方式。比如，有一位销售员需要学习销售知识，这是他的需求。而你知道，能够说服他消费购买相关产品的就是实用的内容，那么可以这样说：“你需要买《成交就是找对理由》这本书。”这就是结论。然后阐述理由：“这本书的内容新颖，切入观点独特……”阐述这本书的优势及特点，说明为什么客户需要买《成交就是找对理由》这本书去学习。

第三，归类分组阐述法。你告诉客户说：“我们这款产品您非常适合。”为什么适合呢？不能一股脑想到哪说哪，这会显得没有章法，逻辑混乱。我们可以从不同的角度阐述这个成交理由，比如从客户目前的状态去讲，他现在面临的问题，急需解决。比如你是卖保险的，客户目前身体状况不太好，所以，劝说客户一定要尽快购买。从产品的角度去讲，产品具有哪些特性，针对客户的需求，这些特性能够快速地解决客户的问题，满足客户的需求。从市场的角度去讲。比如在某些政策的影响下，行业正在进行快速调整，现在正是购买的好时机。比如房地产，房价每年甚至每月都在上涨，客户现在有 50 万元，可以交首付按揭，明年房价上涨可能交首付都不够。从价格的角度、产品质量的角度等去讲，只要能够支撑成交理由的要素，都可以分类阐述。

做好自己，别让客户改变你

销售要有坚定的观点，不可如墙头草般左右摇摆，飘忽不定，你可以不认可客户的观点，可以不与客户争辩，但一定要坚定自己说出来的成交理由，始终要明白，你是用理由改变客户的，而不是让客户来改变你的。

有这样一类销售员，在拿出成交理由说服客户的过程中，不知不觉却被客户说服了，比如通过对客户的分析，你认为客户非常需要这件商品，而且有充足的理由让其成交。但是，在与客户沟通的过程中，客户的观点让你开始觉得对方确实没有购买的需求。这就如同一个战士斗志满满地上战场打仗，结果走进敌方的陷阱，被敌方擒拿，何其失败。

某汽车 4S 店一名销售经理规定，某款汽车报价 30 万，不管是销售员还是部门经理，最大让步权限是 2 万元，规定是明确写在公司销售制度里面的。

这天，店里来了两位客户，看中了这款报价 30 万元的汽车，在与销售员沟通后，客户是否成交僵持在价格方面。长时间的沟通后，销售员让出了自己的最大权限 2 万元，可客户依然不愿意成交，觉得太贵。销售员无奈地说："既然这样，我也没办法，这是我们公司的最低价了。"

客户提出要与销售经理沟通一下，销售员想，如果能够让经理说服其成交也行，随后就将客户带到了销售经理室。

销售经理简单了解了客户的需求后说："我们这款车很适合你，一方面，它的外观时尚而不乏成熟，在接待客户方面还是很实用的；另一方面，排量也不高，购置税也低，非常经济。"客户主要是公务用车，刚开始创业，公司也不大，所以，销售经理所阐述的成交理由还是非常精准的。

但是，客户却不这样认为，说道：“外观是时尚，依然觉得有点花哨，排量倒不是我考虑的主要问题，主要是车的质量，听说……”

客户说了一大推反驳理由，有些话根本让销售经理无法回答。尽管这样，销售经理还是想把车卖给客户，从其他方面阐述购买理由。客户显然是一个经验丰富的生意人，能说会道，且说的每句话听起来似乎都很有道理。

最终，销售经理输给了客户的能言善辩，又优惠了 5000 元，以 27.5 万元成交。

尽管最后成交了，但这却是一次糟糕的销售，因为公司规定最多只能优惠 2 万元，也就是说，以 28 万元成交公司是有利润的，如果再低，公司的利润便会大打折扣，甚至没有利润，那就不能算是一次成功的成交。

从这个案例中我们可以看出，销售经理本应该拿出成交理由按照公司的规定去说服客户成交，结果却被客户说服了。在与客户的这场对弈中，显然是销售方输了。

有人可能说，要说服客户，反被客户说服，是因为销售人员的口才辩论能力不行，甚至把辩论能力作为评价一个销售人员是否优秀的重要因素。这种理解是片面的，销售工作不同于辩论赛。在辩论赛中，你能让对方哑口无言，你就赢了。而在销售工作中，并不是说你口才好，把对方说得无力反击就能够成交。

那么，我们该如何做才能有效防止客户“反客为主”呢？

第一，坚定观点。如果你的成交理由非常准确，直击客户的内心，那么，不要轻易改变，一定要坚持。对于客户来说，即使你提出的成交理由再充分，为了争取更多的利益，他们都会找出很多问题，这是一种正常现象。不要因为客户的反驳就怀疑自己提出的成交理由。一旦你的成交理由被客户动摇，那么，接下来你将很难说服客户与你成交。

第二，说而不辩。销售中与客户辩论是一种最忌讳的行为，我们可以提供一些证据证明自己的观点，但万不可与客户如辩论赛般去辩论。比如，有一位小伙子想买一把音质好的电箱琴吉他，你推荐了一款最适合对方的，对方试音之后说：“没有你说的那么好啊，你听这个声音，怎么感觉有杂音。”这时，你可以通过视频对比或仪器鉴定来说明你的成交理由，不要说：“没有啊，你听 5 弦，音很正啊！”客户听了自然不会服气，由此，你就会和客户陷入一种你来我往的辩论中，不管结果如何，都会影响与客户最终的成交。

我们要做到，如有异议委婉表达，采用迂回战术，切不可直面交锋。即便是客户首先挑起战争与我们争辩，也要想方设法转移话题，平息战火。人际交往中的智者往往既表达了自己的观点，也不会引起对方的不悦，即便在某些问题上观点不一致，但并不会影响谈话主题。这才是高手。

说服客户，说话要留有余地

19世纪末，美国康奈尔大学科学家做了这样一个实验：他们将青蛙投入40摄氏度的水（不是沸水）中时，青蛙会立即跳出来逃生。当他们把青蛙先放入装有冷水的容器中，然后再缓慢加热（每分钟上升0.2摄氏度）到40摄氏度时，青蛙反而显得非常悠闲。这就是著名的"温水煮青蛙"原理。销售亦如此，成交理由不可说绝、说尽，否则客户就容易跑掉。

关乎一个客户的成交理由有很多，产品的外观、价格、性能等，甚至一些外界因素诸如对客户的赞美、交谈环境、第三方等，都会成为推动成交的力量。比如，客户要买一个杯子，如果店面环境很好，客户站在店门外会想："这家环境不错，进去看看吧。"客户进去之后，销售员礼貌地对客户说："您是不是搞艺术的啊，看您的穿着打扮，就算不是艺术家，那也一定是从事与艺术有关的工作。"客户一高兴，说不定会当即成交。

然而，有些客户并不像我们想象的那么感性，你说两句赞美的话，把产品的优点统统介绍一遍，他就会购买。通常，他们会考虑一段时间，在得出确定结论后才会购买，这一类客户都属于理性消费者。据调查，当前这类消费者越来越多，而且这种消费行为已经成为一种习惯。

比如，我有一个朋友在杂志社工作，她在购买商品时有这样一个习惯，不管商品是否贵重，都需要20分钟左右的时间。一次随她去买电视机一台15800元的电视机，20分钟就成交了，当时心想："她真是个爽快人啊！"又有一次，她说想在办公室放一个微波炉，这样以后从家里带饭就可以吃热的了。我便随她去了，一个 319 元的微波炉，同样用了 20 分钟。

我觉得这个现象很有意思，随后我刻意去观察，最后总结出了她的这种消费习惯——消费时间相等性。很多时候，她每次消费所用的时间基本相同。事实上，对于有些消费者来说，他们在消费的过程中都会呈现出这样一种状态。从这个角度来讲，作为销售员，我们在诉说成交理由的时候，就不能求快、求简、求全，而是要有节奏地去表述，给予客户一定的思考时间。

如果成交理由说得太快、太尽，客户在一定时间内难以消化，等到对产品有了一定的认识了解后，却没有了可推动客户达到成交的理由。反之，如果成交理由说得太慢、拖拉，提不起客户消费的兴趣，也不利于最后的成交。

为此，要让说出的成交理由优秀，在阐述的过程中我们需要注意这样几点：

第一，成交理由有次序地说。在一条马路上，有三个摆地摊卖菜的商贩，一位大妈挎着菜篮子路过，第一位商贩吆喝道："刚从地里摘下的蔬菜，很新鲜，大妈买点吧。"大妈看了一眼，的确很新鲜，但犹豫了一下还是走开了。路过第二个商贩，商贩吆喝道："各种蔬菜应有尽有，大妈要什么，过来看看吧。"大妈瞟了一眼，还是走开了。路过第三家商贩，商贩吆喝道："新鲜蔬菜，特价销售，过来瞧瞧咯！"大妈听到声音，不自觉地向商贩看去，并走上前挑选蔬菜。

我们可以看出，每一个商贩的吆喝都是一种成交理由，消费者大妈犹豫过，徘徊过，但最终选择了第三个商贩，为什么呢？

首先，从大妈的需求来说，蔬菜新鲜、价格低、菜品齐全都是决定一个消费者是否购买的主要因素。但先抛出哪个成交理由，决定着消费者起初的购买欲望。也就是说，决定着大妈会走近哪个摊位。

其次，成交理由对消费者的重要程度决定其脚步走向。不同的人对成交理由的重视程度会有所不同。对于一些追求时尚的年轻人来说，时尚、漂亮是其是否会购买的重要理由；对于大多数有家庭有孩子的成年人来说，经济实惠是其重要的成交理由；而对于大多数上了年纪的大妈来说，决定他们是否购买的重要理由就是价格。这一点从生活中超市打折大妈排队抢购等现象就可以看出。为此，在蔬菜的新鲜、价格低、种类齐全三种成交理由中，价格低是大妈最为关心的。这就是大妈会走近第三家商贩的主要原因。

为此，在销售中，我们在向客户阐述成交理由的时候一定要有顺序地陈述，不可想到什么就说什么。如果将成交理由分为重要和次要的话，陈述的顺序应该是：重要、次要、重要。

先讲对客户吸引力大的成交理由，目的是吸引客户的注意力，让他去关注你；然后讲次要的成交理由，让客户进行深入全面的了解；最后再讲重要的成交理由，目的是推动客户的成交欲望，促使客户快速成交。

第二，成交理由阐述要逐渐深入。从成交理由内容来分，有浅性和隐性，比如一张桌子，漂亮的外观、较高的品牌知名度等就是浅性成交理由，因为这些因素一眼就可以感受到。而桌子的材质、工艺、环保漆面等就是隐性需求，因为这些元素需要认真考量之后客户才能认可。

为此，在与客户沟通的过程中，成交理由是否对客户更具影响力，不能仅仅依据对客户的重要性来判断，除了把握以上第一条原则外，还要逐渐深入地去阐述；否则，如果你先说一些隐性的理由，客户未必能听明白，也无法激发客户的兴趣。

第三，说话留有余地。在商业谈判中，一个优秀的谈判员在与对手谈判的过程中，总会给自己留一张底牌，因为他知道，如果没有这张底牌，就很难实现自己的谈判目标。从目的来说，销售和谈判有很多相似性，谈判是说服对方接受自己的条件，销售是说服对方认可自己的商品。所以，在与客户沟通的过程中，不到最后关头，万不可一股脑把所有成交理由都说尽，一定要给自己留有余地，等待合适的时机或在最后一搏再亮出底牌。

我们在日常购物中，经常会遇到这样一种场面，看中了某个商品，和老板讨价还价很长时间无果，当我们准备离开的时候，老板通常会说："再给你优惠……这是最低了。"这就是老板的底牌。

有些人觉得自己做的是高端销售，怎么能和那些市井销售相比呢？有些销售形式看起来很高大上，在高档会议室，彼此西装革履很正式，其实，万变不离其宗，任何销售形式原理都是一样的，目的也是相同的，只要融会贯通即可。

值得信服的让步才有价值

销售就是销售员与客户之间不断让步最后达到价值交换的过程，但是，让步需要把握时机和技巧，否则，所有的让步就会变成一厢情愿，失去该有的价值。

在郑州某繁华地段，有一家大型超市开业，供应商蜂拥而至，都希望能够与超市达成合作。张明是国内某纸业公司郑州区代理商，也想入驻这家超市，便前往超市与之洽谈。

在与超市方洽谈的过程中，对方提出的要求很是苛刻，尤其是60天的回款周期，并要求张明方每天需派一名产品导购驻守超市，为顾客提供更好的服务。

张明说："每天派一名员工驻守超市这个有点难，我需要向总公司申请，您看回款周期能不能调整一下，以便我说服公司派出员工。"

最后，超市方将回款周期缩短至45天，张明方每天派一名员工去超市驻守。

这是一次谈判，同时也是一次销售。面对张明的产品，客户提出了要求，希望在他们要求的前提下成交，如同销售员报出价格后客户还价。作为销售员，当然不能轻易做出让步，为此，张明提出了让步的条件，这使得让步变得有价值，促使洽谈逐渐向成交靠近。

有些销售员在与客户洽谈中，始终坚持不让步的原则，这让自己最后没有了退路。比如：

销售员："3280元，这可是市场上最低的价格啊！"

客户："优惠一点吧。"

销售员：“公司有规定，没法优惠，这已经是最低价格了。”

销售员与客户之间展开了拉锯战，最终，客户要离开了，销售员也无法再用让步留住客户。

有些销售员的让步很随意，常常让自己陷入被动状态。比如，销售员提出成交理由后，客户一而再再而三地提出让步要求，销售员为了尽快成交，随即做出了让步。可在销售员让步之后，发现客户接着会提出一些新的要求，最后的结果只有两个，一个是自己的利益被压缩，一个是自己无路可退，以失败而告终。

销售员认为，成交是需要有人做出让步的，否则很难谈下去。这个逻辑没有错，但问题是不能做出毫无价值的让步。要知道，不管你提出何种成交理由，报出何种价格，客户总会提出让步要求，因为每一位客户都希望用最低的价格买到最好的产品。对此，没有任何理由的让步会让客户变本加厉，觉得你还可以让步，从而让销售员陷入被动。

我们不要觉得主动让步是一种诚意的表现，是可以打动客户的。客户觉得你是否有诚意，不在于你让步多少，而在于你让步的理由。比如，你告诉客户你们的产品是今年新品，款式新颖。客户表示，这也是他选择这款产品的主要原因，但提出希望在价格上再优惠一点。这时，如果你慷慨地说：“好吧，我就再给你优惠两个点吧。”

客户绝对不会就这样与你成交，因为在他看来，“销售员如此爽快地优惠两个点，说明还没有触及价格底线，还有砍价的空间”。而如果你说：“价格恐怕很难再优惠了，因为这是全国统一定价。不过您是我们公司的老用户，看您也是真的中意我们的产品，那我可以破例向领导申请一下。但，只是试试，结果是否能够优惠，我可不敢保证。”

这样说，客户才会在降低自己期望值的同时对销售人员的热情心怀感激，至于申请的结果，如果成功，那在他看来就是额外赚到的。随后，你告诉客户，通过你的努力领导同意优惠两个点，大多数时候客户不会再为此纠缠。

如何让自己的让步变得有价值？我们需要把握以下几点：

第一，谨慎让步。不轻易做出让步，即使让步，幅度也不易过大。在万不得已的情况下，要让客户感受到你做出的让步是非常艰难的，让客户对你的让步充满期待。

常用的话术有：

“您提出的要求确实太难了，从来没有这样操作过，我试着向领导申请一下吧。”

“您别开玩笑，这根本不可能，最多给您优惠一个点，而且我也不敢保证是否能够申请到。”

我们还可以把让步变成成交理由，例如：

“这样，看您特别喜欢，产品也非常符合您的气质，给您赠送一个……”

“您也是河南人啊！既然都是老乡，我个人做主给您优惠30元，算是我请您吃饭了。”

第二，不做无畏的让步。每一次让步都提出相应的条件进行交换，这样的让步才能逐渐靠近成交。比如：

“如果您坚持这个价格，那么售后我们不可能免费了，不然公司就赔本了！”

“这份保单如果您非要加入这一项也可以，但是您需要支付这个项目的成本费。”

第三，让步要有序。提前规划好让步计划，以价值为核心对让步做区分，哪些让步是有实际价值的，哪些让步是没有实际价值的。这需要我们结合对方的实际情况以及自身的情况进行判定。比如赠品、延长售后服务等让步都是一些没有实际价值的让步，而价格、产品型号等是一些有实际价值的让步。需要让步时，先从没有实际价值的让步开始，坚守有实际价值的让步。

那么，如果客户提出具有实际价值的让步怎么办呢？

这时，首先我们应该用其他让步方式来代替，比如延长退换货的时间、延长质保期等，尽量避免给交易带来的直接损失。

任何事物都有其两面性，在一次销售中，因为彼此之间的需求不同、角度不同，彼此所认为的价值都会有所不同，所以，在不同的阶段让步要与所让步的价值相对应。比如，你的优势是产品价值、品牌，对方的优势是良好的平台。你希望通过对方的平台提升销量和品牌知名度，对方希望价格上能够优惠。那么，我们可以各取所需，用降低价格的方式换取对方更有力度的推广，这样的成交才是有价值的成交。

第四章

成交理由表达，
方式不同效果千差万别

叙述式表达，不温不火以理服人

一个优秀的销售员除了要知道说服客户的成交理由什么时候说以外，还必须懂得怎么说，因为不同的表达方式，客户的感觉会有所不同。在实际销售中，最常用的表达方式便是叙述式表达。

叙述式表达旨在客观，是指将事件、前后关系进行客观公正的交待。比如在生活中，朋友问你今天怎么过的，你说：“早上……中午……晚上……”，将你今天所做的事情一五一十地罗列陈述，这便是叙述式表达。可以看出，这是我们生活中常用的一种表达方式。

在销售工作中，这种表达方式亦如此，使用非常频繁，比如在阐述成交理由的过程中，你说：“我们的产品经过十八道工序打磨，采用……质量绝对过硬。”这里的成交理由是“质量过硬”，表达方式便是叙述式。因为这种表达方式不涉及太多主观的形容词，所以给客户的感觉是直观、真实，不温不火。

表面上看，这种表达方式很好掌握，但在实际运用中，因为很多销售人员不能把握要领，常常适得其反。

比如拜访一个陌生客户，一见面销售员就说：“我们这款产品获得过 A 奖项，国际一级水平，去年某产品与我们竞争 B 奖项，我们轻轻松松地就拿到了……”

从这段话中我们可以看出，这位销售员想要表达的是他们产品获得过很多奖项，技术水平优秀，而且远远高于一些竞品。

但是，对于一个陌生客户来说，在不了解产品的情况下，尽管销售员只是客观地叙述，没有任何夸张语言，客户感到的可能也只是迷茫，心中一百个问号呼啸而过。因为他根本不懂得A奖是什么，国际一级水平是什么水平，更不知道竞品与你们的产品之间的区别。显然，这样的叙述式表达对于客户来说信息量太大，根本没有意义。

类似的情况经常发生在一些销售员身上，为此，不恰当的叙述式表达会让优秀的成交理由变得暗淡没有说服力。有时候，销售员喋喋不休说了半天，客户可能一句话都没有听进去，因为客户根本不明白你想要表达的是什么，这便是对彼此时间、精力的一种浪费，更谈不上最后的成交。

优秀的叙述表达方式，是一种说服力，更是一种让成交理由优秀的机器，在说话有逻辑的基础上，要把握叙述方式的时间式和拆分式。

叙述时间式：时间式叙述的关键词是“时间”，要按照时间线的逻辑进行叙述。比如，前面讲到的例子可以这样来说：“我们这款产品在2017年获得了A奖项，这个奖项是国家某权威部门颁发的，含金量很高。某产品不知道您听说过没，在市场上也有一定的知名度，和我们的产品是同类产品，就在去年，我们一起参加某活动争夺B奖项，我们轻轻松松地就拿到了，所以，不管质量、技术，我们的产品都属于国际一级水平，在中国来说处于领军地位。”

在这个叙述方式中，可以看出将事件的背景、发展、结果、未来进行了逻辑性的阐述，给客户一种客观、真实、有理有据的感觉。而这种效果的呈现有一个关键要素，那就是“时间”。我们可以试着将“2017年”“去年”这样几个关键词去掉后再感受一下，瞬间会觉得缺乏客观、真实感，同时说服力也会下降。

叙述拆分式：这种叙述方式的关键词是“拆分”，将事件按照属性进行拆分陈述。在销售过程中，可以按照产品的质量、功能特性、技术水准、所获奖项等进行分类叙述。

比如，“产品质量是一个产品的根，我们这款产品材质采用的是……，功能是我们这款产品的优势，可人工手动操作，也可连接电脑自动操作……”这样不仅可以全方位阐述成交理由，更能让客户对产品有一个清晰的认识和理解。

在拆分叙述的过程中，有两点需要注意：

第一，叙述顺序。每个客户对产品的需求不同，在乎的成交理由也不同。有些客户的关注点是产品质量，有些客户的关注点是产品功能，而有些客户的关注点是品牌。为此，先叙述哪种成交理由，要以客户的关注度为准。如果客户最在意产品质量，那么我们应该对产品质量先进行叙述表达。

第二，叙述有深度。由于我们在叙述的过程中是按照产品属性进行分类的，那么，在阐述的过程中就需要有深度，不能含糊其辞，一语带过，给客户一种遮遮掩掩的感觉。如果叙述表达产品技术，要让客户在了解各数据的基础上，理解数据的含义。

不同的成交理由需要用不同的叙述方式，才能达到最好的叙述效果，比如你说你的产品市场占有率很高，最好的阐述方式是运用叙述式时间，如“2010 年，我们产品的销量是 5 万台，2011 年，销量是 8 万台，2012 年，销量是 12 万台……截至目前，我们的产品总销量是 100 万台左右，市场占有率达到了 12%，在众多的产品中，这个数字是非常高的。”

比如，我们要表达产品质量的优越性，最好的叙述方式便是“拆分式”，比如“从材质来说，我们采用的是……从组装技术来说，我们……”

总之，叙述式表达的优势是客观、不温不火，阐述的内容是数据、事实，说服力较强，特别是对于一些心怀疑虑的客户来说，往往能取得事半功倍的效果。

提问式表达，引导客户重视购买理由

成交理由阐述的最佳效果是提升听者的倾听欲望，从而得以重视。我们在听评书的时候，说书人总能够让我们聚精会神地跟着他的思路走，原因是他利用提问的方式给了我们悬念。同样，销售中，提问式表达的目的就在于此，通过提问表达，可引导客户重视购买理由。

西方有这样一首歌谣：

丢了一颗钉子，刺坏一个马蹄。

刺坏一个马蹄，跌倒一匹战马。

跌倒一匹战马，摔死一名骑手。

摔死一名骑兵，输了一场战争。

输了一场战争，灭亡一个国家。

这首歌谣讲的是因为丢了一颗钉子而导致的一连串效应，最终毁灭了一个国家。其核心思想是说：不要忽视任何一个小问题，因为一个小问题也可能导致非常严重的后果。

在销售过程中，我们在向客户推销产品的时候，经常会遇到一些以各种理由拖延的客户，比如，“过段时间再说吧”“似乎并没有你说的那么严重吧”“的确，使用你们这个产品会更方便，但感觉并不是很必要”等。对于这类客户，我们要进行正确的引导，让客户意识到问题的严重性，方能顺利进入成交环节。

对于客户来说，虽然我们告诉了客户的痛点，但客户并没有意识到这个痛点有多痛，他们认为没有到非治不可的地步，所以才会拖延。一个优秀的销售员，会通过一个看似不经意的小问题的无限放大，激发客户对产品的迫切需要意识。

要做到这一点，无疑提问式表达是最好的方式之一。一方面，通过提问可激发客户兴趣，引导客户去积极思考；另一方面，围绕问题进行成交理由的表达更具说服力。

张琳是某机械设备厂的一名销售员，在公司工作 3 年里，4 次打破公司的销售纪录，曾有一年，他个人的销售额占全公司总销售额的 40%，要知道全公司有 20 名销售员。可以说，他是该机械厂的明星。对于这样的人才很多人会感兴趣，尤其是像我们这类从事经营管理的人来说，总想与这样的人见上一面。

终于，我有了这样一个机会，我的客户委托我与该企业进行某些方面的协调合作，我向该企业提出要求希望与该销售员进行一次沟通，对方很爽快地为我们安排了时间。与张琳的见面是在其企业的会议室，通过简单的交谈，可以看出张琳是一个很开朗的人。当我聊到张琳出色的销售业绩时，我问她有没有什么特别的销售技巧。张琳想了想说："这个说起来有点烦琐，要不我给你讲一件事情吧。"

一年前，张琳了解到，西北有一家经营 10 年的民营企业设备经常出问题，有更新设备的需求。但是，很多销售员都曾拜访过这家企业，均遭到了老板的拒绝，原因是老板觉得设备没坏就不用换。

张琳突破重重困难见到了该企业老板，为了不让对方产生对销售员的反感情绪，张琳并没有开门见山地去谈自己销售的产品，而是以聊天的方式询问对方企业经营状况。其实，张琳来之前已经了解到，该企业近几年业绩增长十分缓慢，这也是企业老板最为关心且头疼的问题。

简单地沟通后，张琳抓住谈话时机问道："你知道为什么你们企业近年业绩增长这么缓慢吗？"

老板用疑惑且不屑的表情说道："怎么，你知道原因？"潜台词好像是说：你作为一个销售员，怎么会知道我们企业业绩增长缓慢的原因？

张琳说："不敢说全知道，但我知道一些主要原因。"

老板："不妨说说。"

张琳说："一个企业在发展成长的过程中，正常情况下应该是业绩逐年增长，否则，就说明这个企业不是很健康，甚至在走下坡路。"

老板点了点头，示意张琳继续说。

张琳说："其实，影响您企业业绩增长缓慢的主要原因是生产设备维护费剧增，您有没有发现，设备维护费用每年都会超出预算，而且您还不敢压缩这方面的支出，因为生产设备关系到产品生产量。"

听到这里，老板表现得越来越有兴趣。

张琳继续说："其实，我刚才说的这个还是小问题，最为关键的是您的生产设备已经运营10年了，现在出现的只是一些小问题，一旦出现大问题，维修时间会无限延长，会严重影响您企业的正常运营，后果会非常严重。"

说到这里，老板明显紧张起来，主动开始询问张琳关于设备的情况，且在当天就达成了购买意向。

听了张琳给我讲的这个故事，瞬间明白了提问在销售中的重要性。很多销售员在与客户沟通的过程中，不停地表达成交理由，即使这些成交理由对客户来说很重要，但客户并不能意识到这一点，所以，不管销售员怎么说，客户都会婉言拒绝。原因并不是我们没有找对成交理由，也并不是客户没有需求，而是因为缺乏正确引导客户的方式。

销售其实就是一个让客户"先痛苦，后快乐，最终成交"的过程，而提问式表达就可以达到这一效果。在采用该方式进行成交理由表达时需注意这样几点：

第一，多角度提问。根据成交理由设置不同提问，比如客户对产品质量、售后、价格比较重视，我们可根据这三个要素假设三个问题，"你知道什么样的产品才是高质量产品吗？""你知道完美的售后应该具备哪些因素吗？""我们的产品为什么是全国统一售价呢？"通过多角度的提问，有针对性地引导客户去深入认识相关的成交理由。

第二，聚焦痛点，放大兴奋点。通过多方位的提问可打开客户的思维，同时也扩散问题，但要让客户意识到问题的严重性，必须将所有问题聚焦起来，让客户痛上加痛，让客户有强烈逃离痛苦的欲望，随后提供方案，给客户快乐的理由，放大兴奋点，成交就会顺理成章。为此，我们在将问题扩大后，最后要将其聚焦，落到一个点上。比如，以上案例中最终的落脚点是会影响企业的正常运营，这会让客户无形中感到问题的严重性。

第三，时刻控制谈话的主动权。向客户进行问题式表达对于销售员来说，本身就已经掌握了表达的主动权。然而，有些客户在我们向其解答问题的时候，常常会故意提出一些为难我们的问题，这时，我们万不可跟着客户的思路走，始终围绕之前提出的问题进行沟通。我们可以直截了当地告诉客户，阐述了当前问题再回答客户提出的新问题。此外，在提问之前销售员要做到心中有数，具备一定的专业知识，确保表达的正确性，这也是避免丧失沟通主动权的要素。

演示式表达，加深客户需求的必要性

听到不如看到，看到不如亲身体验到，成交理由再怎么强，仅凭一张嘴是很难让客户感受到需求的必要性的，成交也就变得困难。演示式表达最大的优点就是：让客户对产品的认识与了解更加直观。

我们在向客户阐述成交理由、介绍产品的时候，客户经常会这样说：

“你说的没错，但是现在很多产品说是质量很好，实际用起来可不怎么样啊！”

“嗯，功能的确很齐全，但我可听说功能越多越容易坏，还不好操作。”

“我的确很需要这个产品，但不知道有没有用，效果怎么样！”

……

显然，客户对我们阐述的成交理由是有疑虑的，在这种疑虑的影响下，我们认为非常好的成交理由在客户这里就会大打折扣，他们对销售员说的话心中充满了不信任感，你说产品质量好，客户觉得并不是你口中所说的那样；你说产品功能多，客户会认为功能多反而不易操作；你说客户目前最需要这款产品，客户担心效果并没有你说的那么好，等等，如此成交自然就会变得困难。那么，该如何解决客户的这种疑虑呢？

我们先来看一个故事。在某小镇的大街上，人来人往，路两边商贩各自吆喝着自己的产品，有的用事先录好叫卖语音的电子喇叭反复播放，有的自己声嘶力竭地大声叫卖，很是热闹。唯独一个卖锅的商贩没有吆喝，他把各种型号的锅摆好，然后从中取出一个扣在地上，自己站上去跳了几下，再换一个站上去，重复之前的动作。很快，这个商贩的周边围了很多人，大家七嘴八舌地议论着，有的说：“这锅真结实，人站上去都踩不破。”有的说：“真厉害，这锅多少钱啊？”

就在人越来越多的时候，商贩开口说话了：“大家可以随便挑一个锅站上去跳，踩破算我的。”

接着，有人上前挑了一个锅，扣在地上，站上去试了试，居然没事，然后跳了一下，还是没事，感叹道：“真结实，多少钱啊？”

商贩说：“98 元一个，不还价。”

客户说：“不算便宜，不过这么结实，值了，我买一个。”

随后，看热闹的人纷纷加入了购买的队伍中。

这个故事告诉我们，在销售中，有时候“做”比“说”更具说服力。分析这个故事，如果这个商贩和其他商贩一样吆喝“我的锅非常结实，人站上去踩不破”，估计没有多少人会去关注，一来叫卖声繁杂，商贩的吆喝很容易被大环境淹没；二来大家见惯了“王婆卖瓜，自卖自夸”，所以即便听到了，也不相信；即便半信半疑，也没有兴趣去验证；即便相信，也觉得无所谓，反正家里有锅，没有需要所以就无所谓。

但当一个人真的在自己的眼前，在锅上跳来跳去，人们的目光会被吸引。于是，不相信的相信了，半信半疑的也得到验证了，无所谓的也被震惊，想停下脚步看看新奇了。只要让客户驻足停留，锁住客户的目光，那么距离成交就等于迈进了一大步。

好与不好，眼见为实，耳听为虚，客户自然更愿意相信亲眼看到的。如此，产品质量的说服力会大大提升。

尽管这个商贩的做法很聪明，但还是有些不足，如果他能够将演示和语言陈述结合在一起，那么，效果会更好。比如，他一边吆喝“我的锅非常结实，人站上去踩不破”，一边做示范，在示范的过程中再次阐述购买理由，说服力会更上一个层次。

生活中我也遇到过类似的情况：一个卖行李箱的老板，为了向顾客展示产品的质量，用自己近 200 斤的身体在箱体上一次又一次地蹦跳，惹得看客胆战心惊，但也不禁感叹“这箱子真够结实”；商场里电磁炉展示柜上，样品在工作状态下一直被一根水管冲着水，以此展示该产品的防水防溢性能有多好；腕表柜台，一个玻璃瓶子里泡着一只正在正常工作的电子表……这些都是以更为直观的方式给予客户视觉上的冲击，进而影响并加强客户心理上对产品的认知。

演示式表达对以下几类成交理由颇有效果：

理由一：产品质量好。

我们在向客户阐述产品质量有多好多棒的时候，客户通常会出现两种反应：一是不相信我们所说，对产品质量有异议，怀疑产品质量并没有我们说的那样好，为此，这个成交理由在客户心中就显得不那么重要。二是客户相信我们所说的产品质量很好，但没有深入认识，没有达到一定的重视程度。前段时间有位朋友去科技市场买电脑，销售员说了一大堆关于电脑配置、CPU、内存、运行速度、开机时间等方面的专业术语，朋友听了之后并没有太大的反应，只是说：“嗯，确实不错。”显然，从朋友的反应看，他对于销售员所说的成交理由并没有重视，只是看来看去，却一语不发。

我说：“刚才你说了这么多，不如给我们演示一下吧。”

销售员忙说：“当然没问题。”接着打开电脑，运营了一个当前流行的“吃鸡”游戏，销售员说这个游戏对电脑的配置要求很高，一般配置的电脑根本无法运行，即便勉强运行起来也会有些吃力，难免会出现卡顿现象。恰巧，我这位朋友也喜欢玩游戏，对这款游戏较为熟悉，于是便亲自上前操作。打了一局之后，朋友当即决定，购买这款电脑。

所以，为了避免以上两种情况，关于产品质量，销售员在介绍的过程中不如加上演示，证明我们所说不虚。

理由二：技术权威。

当销售员告诉我们，他们的产品获得过某种奖项，突破了某项技术，在国际上处于前沿地位时，我们是否会相信？相信很多人并不会把销售员的这番介绍当回事。同样的道理，作为销售员，为了消除客户的异议，除了详细介绍外，还需要向客户演示所说的成交购买理由。比如，用实操或实验的方式进对某项技术进行说明；在说到某些奖项时，展示相关资料，用资料证明该奖项的地位及影响力。

理由三：价格优惠。

当我们告诉客户："今天做活动，所有产品8折销售。"产品打折，这本是一个不错的成交理由，客户必然喜欢，但是，有些客户却不会这样想。他们会想："明着说是做活动，不会是在玩'先提价再打折'的把戏吧。"从而导致原本很有吸引力的成交理由大打折扣。如果在这个时候，我们把最近半年的销售价格表及市场平均价晒出来，最后再与当下的活动折扣价格做对比，打消客户疑虑，相信这次活动价格是实实在在的打折，不是所谓的"先提价再打折"。

理由四：售后服务好。

"我们的售后是最完善的""24小时人工服务"等，当把这些售后成交理由摆在客户面前的时候，不妨再加以行动，比如向客户展示真实的售后服务记录表，当着客户的面做售后回访。这样一来可以让客户看到销售方的后续追踪服务细致到位，二来也可以让客户用耳朵真切地听到已消费人群对售后服务的评价，从而加强客户对产品售后优势的认识。

论证式表达，提升客户需求的认可度

有些人说话，听者会觉得有理有据有信服力，而有些人说话，听者会觉得云里雾里，不知所云，且言辞虚浮，不切实际。这种差异，往往区别于前者说话有理有据有论证，而后者说话缺乏论据，没有佐证。销售人员在表达成交理由时，使用论证式表达更能够增加客户对成交理由的信服力与认可度。

进入 6 月，天气炎热，每天下班，经过小区门口都有一个卖西瓜的商贩，看到他们顶着烈日卖瓜，也着实不容易，所以便几次都想停车买个西瓜带回家，但总是因为停车难或其他原因而没有付诸行动。这天，终于得空来到该摊位前，我便问："大叔，西瓜怎么卖？甜不甜？"这时正值中午，没有其他顾客，大叔一边扇着扇子一边认真地对我说："一斤 1.5 元，沙瓤，中牟（县名）瓜，非常甜。"

"我也不懂，光看这瓜，长得都一个样。哪儿产的，什么瓤，也看不出来。"

本来只是随口说了一句，不承想，那商贩突然拿起一个瓜，一刀便给切开了，然后说："你看，正宗的沙瓤，没错吧？随便开一个就熟得这么好。"接着，又从兜里拿出一张身份证，说："我就是中牟人，瓜就是自己家种的……"

顿时，我感觉到这是一个淳朴且真诚的人，然后对他说："你是内行，你帮我挑一个，不，挑四个吧。"就这样，原本只打算买一个，最后却生生扛了四个大西瓜回家。

针对这个过程，我们不妨来思考两个问题。

第一，在商贩向我简单介绍产品之后，我为什么会犹豫？

其实是本能使然。随着社会的发展，人际关系也变得越来越复杂，不论是工作还是生活中，充斥着太多的谎言、套路与口是心非，有些人是为利，有些人是自我防御。毕竟，每个人都不想活得太透明。所以，当消费者遇到销售者这个对弈者时，对于对方所说的话也会本能地产生质疑，不会单纯地句句皆信。

第二，我本来要买一个，为什么最后买了四个？

根本原因在于两点：一是对商贩本人的信任，二是对产品（即西瓜）认可度的提高。当我这个消费者对商贩的介绍产生质疑时，他说得再多，就算是磨破了嘴皮子，很可能在我看来也是欲盖弥彰。所以，他需要拿出更为实际的东西来论证自己的话，以打消顾客的疑虑。商贩的论证方式便是果断地“切西瓜”“亮身份证”，准确地直击要点，打消了我所说的两点疑虑，让我确定其所说的话是真实可信的。从“质疑”到“相信”，心理产生变化进而激发了我的购买欲。对于水果、蔬菜这种消耗快的饮食产品，很多人会抱着和我一样的心理——先买一个（些）尝尝看，如果好，下次多买，如果不好，也所幸买的不多。而当我的疑虑被打消后，因为信任，选择权交给他（商贩），因为信任，由“先买一个试试”变为“买四个”。

所以，在销售沟通中，我们向客户所阐述的成交理由往往只是抛出了一个又一个“论点”，所列的条目再多，因为没有论据支撑，所以在客户看来，信服力并不够。论证式表达则不只是告诉消费者结论，而是通过论据引导，在论证的过程中让消费者自己去思考判断。

有时，当我们向客户阐述了成交理由后，客户会这样说：

“暂时不需要，以后再说吧。”

“你的介绍很全面，我考虑考虑。”

“功能很全，我研究研究，如果需要我联系你。”

……

客户诸如此类的说法，有很大的原因就是客户只听到了结论，没有论证的过程，而客户又懒得自己去求证成交理由的真实性，所以委婉拒绝。再者，即便客户愿意自行去求证，也需要时间去研究、考虑，所以他会表示需要时间考虑。而一旦你给了他时间，就等于给了变数，客户如果离开，很可能就没有“然后”了。

所以，销售员在阐述成交理由的过程中，不妨直接加入对成交理由的论证，证明自己所说非虚，从而缩短客户考虑时间，提升成交效率。

有一个研发公司最新研制了一款产品，欲说服某投资人进行投资，派某销售员与其洽淡。当销售员阐述完投资这个项目的众多理由后，投资人说："这款产品的确很新颖，但市场前景、投资回报率等是否像你说的那样大好，这个很难说，所以，抱歉。"

销售员急忙说："您的担忧很合理，市场前景、投资回报等并不是我随口说的，在这之前我们做了很多市场调研。"

说着，销售员从包里拿出一沓资料，继续说道："这是针对我们这款产品做的同类产品市场占有率、产品客户意向度、市场需求量、产品地域偏向等，这是一份已经初步估算好的投资回报预测分析表，而且是保守算法，您看一下。"

投资人接过资料细细研究起来，大约过了10分钟，说道："这些资料很详细，这样，我详细看一下，两天内给你答复吧。"

投资一个项目是一件非常严肃慎重的事情，对于销售员来说，投资人从拒绝到定期内给予答复，说明销售工作已经成功了一半。

俗话说"口说无凭"，但有理有据有支撑的表达还是有一定说服力的，要做到这一点，需要注意以下两点：

第一，看表情，及时释疑。当我们向客户阐述购买理由的时候，发现客户脸上呈现出疑虑甚至不相信的表情，那么，要及时对刚才所说的成交理由进行论证。比如你说："我们的价格，全市最低。"当客户流露出不信任的表情时，及时论证"我们的价格，全市最低"。

第二，重理由，有论证。对于一些比较重要的成交理由，不管客户是否明白，是否认可，都要进一步论证。需要明白的是，这里的"重要成交理由"是针对客户来说的，因为客户不同，他所重视的成交理由也不同。

情感式表达，触动客户心中最脆弱的那根弦

在诸多电视综艺节目中，不管是叙事节目还是选秀等其他类别的节目，几乎 100% 的都有煽情因素在里面，不管是主持人还是嘉宾参赛选手，都会富有情感地叙述某些事。一是为了煽动现场气氛，二是打动观众，引发情感共鸣。如果将这种表达方式运用于销售沟通过程中，与客户产生情感共振，必定有助于成交。

七情六欲，是人生来就有的特质。对于一个人的判断，人们往往会先从感受到对方的情感开始。有段时间经常听说某后起之秀在某综艺节目中所说的事都是骗人的，事实并非他在综艺节目中所说的那样，从而遭到人们的质疑。但是，如果他说的是假的，观众为什么会相信呢？原因就是他在说这些话的时候注入了情感，加上主持人带动的情感节奏，触动了听众心中那根最脆弱的弦，从而会义无反顾地相信。这便是情感式表达对听众的冲击力。

俗话说：“听话听音，锣鼓听声”同样的话用不同的情感表示，给听者的感觉往往不同，我们对说话者及其所说的事认同感也会不同。

我在为一些公司做培训的过程中，有一位电视销售员讲了这样一个故事。那是一个寒冬的早上，她像往常一样打开店门准备迎接客户，发现两个中年人站在店门口不停地跺脚，看起来好像在等人或者等车。看到他们冻得瑟瑟发抖，销售员便把他们请到了店里，为他们每人倒了一杯热水。闲聊之后得知，这两位年轻人在县城打工，准备过年回家，在店门口等回家的大巴车。过了大约 20 分钟，他们主动去看商品区的电视。

由于时间尚早，并没有什么顾客，销售员便热情地给他们作了介绍。尽管销售员明白，他们只是随便看看，只看不买的可能性比较大，但只要他们感兴趣，那自己就有责任为他们服务。哪怕有 0.1% 的机会，自己也不能放弃。让销售员意外的是，二人真的每人成交一台。用他们的话说："今年打工赚了点钱，原本就打算早点回去在老家买台新的电视。过年嘛，添个新物件，全家也高兴高兴。反正在哪买都是买，你人又这么好，那还不如就在你这里买，也照顾照顾你的生意。"

我们来认真思考一下，决定一个人购买某产品的真正因素是什么。

通常来说，一个人是否会购买某产品，关键在于产品，如产品质量、价格、售后等，这一点毫无疑问。但是，还有一个因素也起着非常大的作用，那就是对销售人员的感觉。销售员是否诚实、真实、热情、可信等，我们大多数人为什么总是喜欢找熟人买东西，这是因为与陌生销售员相比，我们对熟人更加了解，情感不一定有多深厚，但必定是有感情基础的。在以上案例中，销售员在向两位农名工介绍产品的时候也许会说很多成交理由，但如果没有最初那"一屋之暖，杯水之情"留下的好印象，建立起来的小恩情，两位顾客恐怕并不会那么爽快地购买。

所以说，在很多时候，客户与销售员之间的情感决定着最后是否能够成交。

从销售员的角度看，很多时候，销售员总是在向客户喋喋不休地阐述成交理由，我们的产品如何如何好，这件衣服穿在您身上是多么地合身有气质，而忘记了情感的建立。诚然，我们不能不承认，在竞争激烈的当下，迫于销售指标的压力，我们不得不采取高压手段，追求快速成交。但我们不要忘记，一个优秀的销售员不是卖东西，而是帮助客户买东西。

比如，客户带着朋友去购物，朋友往往会提出客观真诚的建议，对于不适合客户的产品朋友会制止。而销售员大多不会这样做，即使一件衣服客户穿在身上不太适合，销售员依然会说："这件衣服你穿在身上很漂亮。"显然，他们是在卖东西，而不是帮助客户买东西，客户自然很难感受到销售员的真挚情感。

所以，情感式表达的第一准则是：为客户着想。

我们在阐述成交理由的时候，一定要从"为客户着想"这一角度出发，这样，一方面阐述的理由更准确，更符合客户的需求；另一方面，情感更加丰富真实，更能打动人。

有一位女士带着4岁的女儿来到一家4S店看车，客户的需求是买一辆省油代步的车，销售员把客户带到一辆车前说："这辆车非常适合您，排量1.2，非常省油，车身小，停车方便，在这个停车位'一位难求'的城市，不论出行，还是以后接送小宝贝上下学，都十分方便。而且马上入冬了，现在提车，刚好给宝贝遮风挡雨防寒，多好……"说着，销售员向小女孩露出了甜美的微笑。

销售员在阐述成交理由的过程中，把对客户女儿的关心融入里面。每一个孩子都是父母的"掌中宝""心头肉"，为人父母宁愿自己吃点苦也不愿让孩子受委屈。有外人关心自己的孩子，客户必然会心情愉悦，甚至感激，从而对销售员产生良好的情感。销售员所阐述的成交理由，客户也能够最大限度地认可。

情感式表达的第二准则是：贴近生活，注重细节。

最细腻的情感最能打动人，我们在运用情感表达成交理由的时候，要多从生活中提取素材，并注重细节，与客户的情感体验相吻合，这样的情感才真切朴实。

有一位大妈带着孙子去服装店看衣服，服务员为客户倒了一杯水，但由于小孩子调皮，不小心将水洒在了身上，时值冬天，如果不把衣服吹干，担心小孩会感冒。销售员看出了大妈的担忧，立即跑到更衣室，拿出电吹风，帮小孩把衣服吹干。这一举动深深打动了大妈，大妈果断听从销售员的建议，付钱买了几件衣服。

情感式表达的原理是运用情感诱发客户的情感，从而让客户对成交理由产生共鸣，在情感认同的基础上进一步沟通，提升客户对成交理由的认同感。需要注意的是，我们在采用情感表达的时候收放要有度，夸张、过度的情感反而会引发客户的反感。

书面邮件表达，全面严密有主次

随着人际交往方式的纵深发展，销售方式也呈现出多样化，为此，催生了各种各样以书面形式进行的销售方式，比如微信、微博、邮件、淘宝等各大电商平台，就传统面对面销售来说，有时候还需要结合这种方式才能最终成交。那么，我们如何通过这种方式将成交理由完美地呈现在客户面前呢？

在当今的销售活动中，通过文字与客户沟通已经成为一种常态，中国的文字丰富有内涵且博大精深，同样的意思，运用的语句不同，给客户的感觉会千差万别。而成交理由的陈述，是一个说服的过程，如果客户感觉不到理由的必要性，他就无法产生购买欲望，自然就不会发出成交动作。

比如，我们表达的成交理由是“产品质量好”，拿微信聊天工具来说，甲说：“我们的产品销售了这么多年，售后问题少，质量在全国都是数一数二的。”乙说：“我们的产品外观使用的是 ×× 材质，芯片采用的是 ×× 技术，返修率只有万分之一。”

如果你是消费者，你会相信谁的说法呢？

当然是乙，因为乙销售员的表达更加全面严密，更具说服力。所以，运用书面表达的方式陈诉成交理由时，用什么样的文字，怎么用，显得尤为重要。

通常，运用书面文字阐述成交理由的载体有聊天工具、电子邮件、书面信件三种方式，且不同的方式突出的要点也应不同。

第一，聊天工具表达。

比如微信、微博、QQ 等。在销售沟通中，这种沟通方式很多销售员都会用到，尤其在微商行业中运用最为广泛。

我的朋友小张是做房地产销售的，朋友给他介绍了一位意向客户，他给客户打电话，可是对方一直不接，随后他加了对方微信，对方通过了。于是，他与客户有了这样一段微信对话：

小张："您好，很高兴认识您。"

客户："您好，您是？"

小张："我是 ×× 的朋友，是他介绍我认识您的。"

客户："你好，我们是多年的朋友了。"

小张："听他说您最近要买房，所以让我给您参谋参谋。"

客户："是啊，有这个打算，你看我买什么地段合适呢？"

小张："嗯，我是做房地产的，某地段的房子性价比还是比较高，双气，小区门口就是地铁。"

……

就这样，小张顺利进入了主题，将成交理由充分表达出来，最后，客户在他这里订购了一套房子。

我们来分析这段对话，正式中体现出随和，如同聊天一般，从问候到进入主题到成交理由的陈述都很自然。总结分析，运用此表达方式，需要把握这以下几个要点：

1. 巧用口头语。口头语多用于日常面对面沟通中，书面文字表达一般很少用，因为这样会显得不正式。但是，在运用聊天工具陈述成交理由时，要适当地用一些口头语，这样可以体现出表达的亲切感，比如"是滴""嗯""哈""杠杠滴"等。

2. 找准时机，嵌入成交理由。聊天工具沟通与面对面沟通有一些相似之处，那就是切忌一开始就陈述成交理由，要有铺垫，找到合适的时机。比如，与客户刚联系上，你就说我们的产品质量如何如何好，价格如何有优势等，会显得突兀，客户也会有所戒备。为此，我们需要与客户有一个开场白，先与客户打招呼，拉近与客户的心理距离，而后引导客户的兴趣，在合适的时机阐述，从聊天话题平稳过渡到成交理由上。

3. 亮数据，支撑成交理由。在朋友圈中，我们经常看到很多做微商的朋友会晒出一些发货截图、收款凭证等，他们的目的就是向所有人说明：“我们的产品真的卖得很火，你值得购买。”同样，运用聊天工具在向客户陈述成交理由的时候，客户难免会有一些顾虑和疑问，当发现客户有此种情况时，我们应该及时亮出相关数据，支撑成交理由的真实性。

第二，电子邮件表达。

随着互联网的高速发展，电子邮件的使用越来越频繁，尤其是一些商务人士，几乎平时的沟通交流使用的都是电子邮件。作为销售人员，我们在向客户介绍产品或打电话时，由于各种原因，比如客户正在开会、客户要出门办事等，客户会要求我们把相关资料发到他们的邮箱中。也有一些销售员会用发邮件的形式开发新客户。

前几天，我收到一封来自某自媒体平台的电子邮件，希望我写一些文章发布在他们平台，让我与他们签约。邮件的大致内容是：首先介绍了他们平台的发展史，随后对我进行了“吹捧”，最后阐述了他们平台的优势。

看完邮件，我没有给其任何回复，原因是在这封邮件中我看不到能够打动我与其合作的理由。我是一个非常实际的人，在信件中，我看不到与该平台签约我得到的好处是什么，也就是签约理由。也许，他们觉得我可能是一个视金钱如粪土的人，在乎的是名誉，不便在信件中提及我能够得到的实际好处，认为他们平台的优势就是能够打动我与其签约的理由。遗憾的是，我是一个现实主义者，而且我相信，当下很多人都是现实主义者，所谓情怀、理想、梦想，对于大多数客户来说，并不是他们与你成交的理由。

为此，我们在运用电子邮件阐述成交理由时要注意这样几点：

1. 成交理由鲜明清楚。客户为什么要与我们成交，购买我们的产品客户会获得哪些利益，与同类产品相比客户会节省多少费用等，逐条罗列，清晰简洁地呈现在客户眼前。不要云山雾罩地讲了一大推，这样即使文章再流畅，文采好，也是难以打动客户的。

2. 插入图表，深入解读。插入图表的目的是更加直观地表现出自己产品的优势，佐证自己向客户陈述的成交理由。因此，在合适的成交理由后面插入合适的图表，往往会取得事半功倍的效果。

3．格式正确，用词恰当。邮件是一种比较正式的信函，所以格式要正式，用词要准确恰当。比如首行空两个字符，结尾要有署名与日期，开头对客户的称呼要准确，男士用“先生”或其职称，女士用“女士”或其职称，多用敬语且要准确，等等。

4．用词勿口语化。邮件不同于聊天软件，且不可把微信聊天的那一套搬到邮件中来，去除口语，全部用书面语。

第三，书面信件表达。

在销售中，与客户书面信件的沟通方式虽然已经很少使用，但与其他方式相比，还是具有一定的优势和特点的。一方面，书面信件更能引起客户的注意；另一方面，在寄送某些资料时，更适合用书面信件快递的方式寄送。在使用书面信件阐述成交理由时，有这样几点需要把握：

1．字迹工整。当然，现在已经很少有人采用写信的方式传递信息，都是电脑打印。但是用手写的信件更能体现出销售员的诚意，更能得到客户的重视。如果有必要，用手写信件能够达到更好的效果。但字迹一定要工整，如果字写得不好，最好选择电脑打印。

2．用词与格式。与邮件表述方式相同。

3．逻辑清楚，成交理由简洁。要让客户打开快递细读推销信件是一件很困难的事情，是否能够看完并认真思考更是不易。所以，信件的内容、成交理由逻辑要清楚、简洁，引导客户能够完整地读完。

总之，在书面阐述成交理由时，我们还需要把握很多人推崇的国际流行的“7C”准则：

完整性。一方面内容要完整，要有头有尾；另一方面，成交理由要完整。

准确性。用词准确，格式正确，阐述的理由没有漏洞。

清晰性。少用一些模棱两可的词汇，清楚表达。

简洁性。逻辑清晰，逐条罗列。

具体性。成交理由要具体，有理有据。

礼貌性。称呼、称谓正确，多用“您”等一些敬语。

体谅性。换位思考，能够感受对方的感受。

电话表达，简洁高效说重点

电话让我们与客户的距离变得更短，挖掘客户的效率更高。而事实是，有时我们一天会接到十几个推销电话，我们大多都会接通后挂断，然后标注“推销”，以后不再接通，这是大多数人的做法。对于销售员来说，这就是失败。但销售又离不开电话，所以，如何正确使用电话表达，是每一位销售员的必修课。

有一段时间，做企业的朋友张总经常接到这样一些推销电话。

销售员：“张总您好，我是××互联网广告公司做点击不扣费广告的，一年只需要……”

刚开始，张总会耐心听对方把话讲完，然后婉转地拒绝。后来，类似的电话越来越多，张总接通后一听到对方说“广告点击不扣费”会直接挂断。

显然，对于销售员来说，他们这样的电话销售是无效的，对于客户张总来说，俨然已经成为一种骚扰。那么，问题出在哪里呢？

主要原因是：销售员一上来就说“做广告点击不扣费”，这是销售员阐述的成交理由，对于经常做推广的客户张某来说，这也是他的需求。但是，作为客户，刚接通电话听到的是对方阐述的成交理由，产品多么好，多么物美价廉，难免会显得有些突兀，言语过于机械，更有点“王婆卖瓜，自卖自夸”的感觉，给客户留下不好的印象，对此，大多数客户一定会选择拒绝。

电话表达成交理由第一准则：开场引起兴趣。

电话开场的目的是拉近与客户之间的距离，但很多销售员都会犯一个错误，开门见山地切入主题，无法引起客户的兴趣。比如：

“张总您好，我是 ×× 机械公司，请问您有时间吗？我去拜访您一下。”

“张总您好，我是 ×× 机械公司，我们公司是国家二级企业……”

“张总您好，听说您的厂子扩建了，您是否考虑购买机器设备呢？”

类似于这样的开场，得到的回答大多都是拒绝，主要原因是无法引起客户的兴趣。最好的开场是有一个“借口”作为引导，比如促销、回访、调查等，促使客户不得不继续听下去。例如：

“您好，张总，我是 ×× 机械公司的，告诉您一个好消息，我们公司的设备在做活动……”

“您好，张总，上次您购买的设备用得还好吧？听说您的厂子要扩建……”

“张总您好，我是 ×× 机械公司的小张，今年我们产品售后服务做了提升，产品增添了一些新技术和功能……”

类似于这样的开场，如果客户有需要，必定会追问，只要客户开口提问题，沟通就能够顺利地进行下去。

电话表达成交理由第二准则：简洁。

电话销售不同于我们平常与家人朋友电话沟通，且有着本质的区别。客户与我们并不熟悉，可能还没有见过面，客户不愿意听我们唠叨很多没用的东西，如果我们像唠家常一样客户也会感到厌烦，所以，电话中成交理由的阐述一定要简洁。

首先，打电话之前，对成交理由进行提炼。哪些先说，哪些后说；哪些可以说，哪些可以不说；设想客户问到的某些问题该如何回答。如果没有准备好，就不要着急打电话。

其次，成交理由要熟记于心，即使我们有书面准备，也要做到心中有数。

再次，随机合理分配阐述成交理由的时间，有时候客户给了你两分钟，或者客户在听了两分钟后已经表现出不耐烦，而你一个成交理由的阐述就用了两分钟，这显然是不合适的。所以，销售员要根据客户的时间及反应随机调整阐述成交理由的时间，争取在有限的时间内简洁高效地将成交理由阐述清楚。

最后，调整心态，做好记录。心态好才能说好话，人在紧张、激动的情况下说话往往容易出错。所以，调整好自己的心态，语气不卑不亢，语速不紧不慢地陈述，更能赢得客户的尊重和认可。

电话表达成交理由第三准则：细注意节。

换位思考，我们在倾听对方电话时，虽然看不到对方，却往往能够感知到很多信息，如对方的心态、神情、重视程度等，而这些感知都来自于对方的细节。为此，销售员在电话陈述成交理由时，要把握以下细节：

1. 正确的姿势。不要躺着或用不雅的姿势打电话，因为虽然客户看不到我们，但是这些不雅的姿势会通过声音传递给客户。

2. 问候语。电话接通后用“您好”或“你好”，尽量去掉“喂”“哎”等习惯用词。电话结束后说“再见”，不要说“拜拜”。因为前者更能体现出你的专业。对方如果是领导，在称呼时将其职称带上，比如“刘总”“刘工”“王局长”等，如果不清楚对方的职称，用“先生”或“女士”代替即可。

3. 保持微笑。前面说过，人的动作表情是可以通过声音传递出去的，因此，在说话的时候尽量保持微笑，让对方感受到你的友好。

4. 懂得聆听。在阐述成交理由的时候，要懂得聆听客户的需求，继而修正成交理由的阐述，不要只顾着说成交理由而忽视了客户的感受。

5. 声音适当。声音太小，对方会听不清楚，声音太大，沟通效果也不会太好。在电话沟通中，一般声音比平时说话稍大一点即可。此外，要尽量使用普通话沟通，当然，如果你和对方是老乡，也可以用家乡话交流，这样会更亲切。

总之，我们用电话向客户阐述成交理由时，不能求全，而要求质，在时间允许的情况下，简洁高效地阐述完所有成交理由最好，如果时间有限，选最能打动客户的成交理由阐述即可。

第五章

客户有理由拒绝，我们有理由应对

你争我辩，陈述理由环扣术

一只猫抓到了一只老鼠，准备吃掉。

老鼠说："你不要吃我，我老了，肉不好吃。"

猫说："没关系，我已经很饿了。"

老鼠说："我有病，你吃了会得病。"

猫说："我有药。"

老鼠说："我身上这种病很厉害，无药可救。"

……

老鼠不想让猫吃掉，阐述了很多理由，猫想吃掉老鼠，也阐述了很多理由，老鼠最后能不能被猫吃掉，关键在于谁能说服谁，要看谁阐述的理由更充分、逻辑性更强。

销售就是一个解决客户异议的过程，在推销的过程中，99% 的客户都会提出异议，比如价格问题、产品质量问题、售后问题、技术使用问题等。客户提出异议后，销售员要做的就是解惑，解惑的过程也是一个阐述成交理由的过程。

比如，客户说："价格太贵了，能不能便宜一点？"正确的应对方式是：告诉客户为什么是这个价格，价值体现在什么地方，为什么说其实并不贵，为什么说可以适当给你优惠一些。这些都是一种成交理由细化的阐述，目的是解决客户的异议，最终成交。

然而，是否能够解决客户的异议，让客户满意，最终成交，关键在于我们阐述的理由是否合理，有逻辑，有可信度。要做到这一点，我们需要运用一个技巧：

陈述理由环环相扣。

小张是某品牌汽车 4S 店的一名销售顾问，这天，店里进来了一位中年男士，简单打招呼后，小张问：“先生想买一款怎样的车呢？”

客户：“家里有一台越野车，但排量太大，油耗高，费油不说，市区开着停车也不方便，想看一台省油、小一点的车。”

小张：“那我建议您购买油电混合动力的车型，非常省油，我们店就有这样的车。”

随后，小张将客户带到了该车型前。客户看了看说：“比我那台越野车小多了，用电省油不错，但充电比较麻烦啊！”

小张：“这台车充满电的续航里程是 400 千米，如果在市区用，纯用电的话基本上一个星期充一次电就可以了，所以也不用天天充电，而且这是在纯用电不用油的情况下。”

客户：“那动力肯定不行吧，从地下车库出来上个坡估计很困难。”

小张：“这个不会，因为是混合动力，在上坡的时候它会自动切换到发动机状态，也就是说，和纯发动机汽车的动力是一样的，一点也不弱，而且只是在一定转速内才会自动转换，大多时间用的都是电。”

客户：“哦，这个还蛮好。”

案例中，客户的需求是：省油，停车方便。销售员给出的成交理由是：油电混合型汽车。

对于销售员提出的成交理由，客户提出了一些异议，从小张的回答来看，都是紧扣成交理由进行的。简单归纳一下小张的陈述：混合动力，省油——续航长，充电方便，不用油——动力自动转换，且不弱。每一条都是扣着上一条展开的，强化了成交理由。至于停车方便，客户与自己原有的车进行了对比，已经认可，所以小张无须做过多的解释。

对于客户的异议，小张的陈述理由是成功的，每一条都相互环扣，且直指成交理由。客户异议不同，阐述理由也不同，我们需把握这样几个原则，成交理由便不会跑偏。

第一，争辩要有逻辑，互相牵扯。应对客户异议如同辩论赛，证明一个论点时，论据要有逻辑，从一到二，从二到三，不可通过分析三而推翻二或者一，否则就成了“浑蛋逻辑”。优秀的阐述，每一条都能够相互牵扯、相互证明，最终指向论点。

销售员在证明成交理由时亦如此。一个成交理由，客户会提出诸多异议，我们在应对时，要按照逻辑思维表述，不可互相矛盾，

客户：“我最关心的是质量问题。”

销售员：“我们的产品质量在同类产品中是屈指可数的，这个您放心。”

客户：“我看到网络上有很多关于你们产品质量的负面新闻呢！”

销售员：“有些是竞争对手的诋毁，当然，再好的产品也总会有出问题的时候，这个我觉得正常。”

显然，销售员应对的第二条与第一条有一些矛盾，产品质量到底好还是不好呢？给客户留下了疑虑，成交率便会大打折扣。

第二，紧紧围绕成交理由。能够最终打动客户的是他最在乎的成交理由，不管客户提出怎样的问题，都应为最终的成交理由服务。而有些销售员在应对客户异议时，要么自己跑偏，要么被客户带偏，离客户关心的成交理由愈来愈远，沟通半天也无法成交。

客户：“因为冰箱里经常要放很多东西，我就想要一个冷藏效果好的冰箱。”

销售员：“这款冰箱冷藏效果就非常好，在冰箱正常运作下，即使断电也会有效冷藏 12 个小时。此外，这款冰箱的价格也很便宜，外观设计时尚……”

这种情况属于销售员自己跑偏。

客户：“因为冰箱里经常要放很多东西，我就想要一个冷藏效果好的冰箱。”

销售员：“这款冰箱冷藏效果就非常好，在冰箱正常运作下，即使断电也会有效冷藏 12 个小时。”

客户：“前几天我朋友买了一个冰箱很便宜，空间很大，冷藏效果非常好。”

销售员：“我们这款冰箱的价格也很便宜，外观设计时尚，空间就更不用说了，您看看……”

这种情况属于销售员被客户带跑偏。客户表达的重点不是朋友买的冰箱便宜，空间大，而是冷藏效果好。所以，销售员阐述的重点依然应该放在冷藏效果上。

“价格太高！”——摆优势，凸显物有所值

销售过程中，成交一个客户不容易，但客户提出拒绝理由却非常容易。在客户拒绝的诸多理由中，最为常见的便是价格太高，似乎不管你报出什么样的价格，客户都会以价格为由拒绝成交。对此类客户，我们该拿出什么理由才能说服他并与其成交呢？

前几日，朋友出版了一本关于股权激励方面的书籍，该朋友是一名企业家，具有丰富的管理经验，在圈内有一定的知名度，特别是股权激励是他的强项。他说让我在朋友圈替他推广一下，随后我便发了朋友圈。

发完朋友圈不到一分钟的时间，便有人私信询问，我告诉他关于这本书的作者、内容等具体情况。然后他问我多少钱，我询问了朋友之后告诉他 49 元。他的第一反应是：“太贵了，网上卖的书一般都三十多块钱，而且还打折包邮。”

说实话，我很久没有就某商品与人讨价还价了，听到对方这样说，瞬间来了兴趣，况且我觉得这本书 49 元已经物超所值了，因为书中的内容可以说是朋友多年工作的结晶。

因为打字太麻烦，我用语音说：“能够关注产品的价格，说明你是一位勤俭节约关注生活的人，但一本书的价值是它能给你带来什么，是否能够让自己成长，而非这本书的价格。如果你堵在高速公路上三四个小时，又饿又渴，这时有一个卖矿泉水的过来，说一瓶水 20 元，你一定会觉得很贵，但你一定会买，因为它能够让你恢复体力，这才是这瓶水的价值所在。这本书的内容、作者刚才已经给您介绍，这就是这本书的价值。”

随后，这位朋友圈的朋友没再说话，而是给我转了一个红包，并发了地址。显然，他被我说服了，而我，并不是一个销售员。

很多销售员说，他们最烦的就是与客户讨价还价，公司定的价格空间浮动大还好一些，如果定的是统一不可变动价格，很难说服客户。其实，每个人都是讲道理的，只要我们说的有道理，不管客户讨价还价的态度多强硬，都会有理由说服其成交。

以上我采用的说服客户价格问题的理由是价值，旨在突出产品的价值，用产品的价值覆盖产品的价格。除此之外，我们还可用以下几种理由来应对客户的价格异议。

第一，强调产品品质。

我们在向客户介绍产品的时候可以把品质当作成交理由，同时，当客户提出价格异议时，我们也可以把产品品质当作理由去说服客户。

在一家品牌手机柜台前，销售员小张与客户正在沟通着，小张很认真地将客户看中的手机详细地介绍了一遍，客户不断地点头，表示满意。随后，客户问到了价格，小张报出价格是 2400 元，客户有点惊愕地说：“太贵了吧。”

小张：“这个手机确实要比一般手机贵，但是一分价钱一分货嘛，品质高，价格自然要贵一些。”

客户：“但和这款手机功能、像素、内存等相同的其他品牌手机，可比你们这款便宜多了。”

小张：“没错，但这款手机和你说的其他手机的外观、芯片、材质、技术等是不同的，我们产品的外观材质采用的是……”

客户：“我还是觉得有些贵。”

小张：“其实也不贵，相差也就 400 元左右，但这款手机的品质高，质量优，所以它的使用寿命要比一般手机长，您说对吧？”

客户点了点头，表示赞同。

小张接着说：“我们打个比方来说，你用 2400 元买这款手机可以用 3 年，用 2000 元买类似的手机用 2 年，哪一个更划算呢？有些东西看似价格高，但却是最便宜的。”

客户听后说："你这样一说的确是这个道理，好吧，给我找一个新的吧。"

案例中小张采用的说服理由就是产品品质，即使客户两次提出对价格的异议，小张始终围绕品质与价格的关系展开论述，最终排除了客户异议。

消费者都有一个心理，那就是喜欢物美价廉的产品，且都有一定的分析判断能力，他们认为的"价格高"往往是通过与同类产品对比得出的，同样的产品，别家卖 50 元，你家卖 80 元，自然是价格高，他们不会主动去探寻 80 元的产品与 50 元的本质上有什么不同，这也是大多数消费者的一种消费习惯。为此，我们要做的是向客户传递我们产品的品质特性及与同类产品本质上的不同。

前面说过，现在的客户都非常聪明，当我们把这些清晰地摆在他面前后，自然就会成为他们成交的理由，价格异议便会自然而然地消失。

第二，价值细化。

举个例子，一台笔记本电脑 5000 元，寿命是 5 年，平均每年 1000 元，平均每天 2.75 元，我们会觉得贵吗？

如果这台笔记本比普通笔记本贵 400 元，平均每天贵 0.22 元，但是我们可以获得更好的产品和服务，我们会觉得贵吗？

这样看来，相信大多数人都能够接受，都愿意购买品质更好的产品。这就是价值的细化。

这种成交理由可以在两种情况下使用，一是客户拿其他产品与我们的产品做对比后，认为价格高时，将高出的价格拆分，然后融入本产品有而其他产品没有的优势，让客户斟酌。二是客户觉得只是我们的产品价格高时，我们可以对整个价格进行拆分，通常拆分到以"天"为单位即可，然后融入产品每天为客户带来的利益上去。

这两种方式都可以让产品与拆分后的价格形成鲜明对比，从而突出产品的价值，促进客户成交。

客户认为产品价格高很正常，但千万不可与客户较劲，而是要找成交理由去说服。比如，当客户说"太贵"时，有这样四种说法：

A："这还嫌贵啊，已经很便宜了。"

B："我们这里不还价……"

C：“您想多少钱要？”

D：“的确，和普通产品相比是有些贵，但是我们的品质……”

在现实中，很多销售员采用的是C做法，而后陷入讨价还价的拉锯战状态，费时费力，成交价格也不会太高，因为当你说出这句话的时候，客户就知道你报的价格很虚，所以会拼命砍价。D做法是用理由说服客户的一种方法，一方面，可以避免客户认为的报价虚假性，减少了降价的可能性；另一方面，有理有据的说服要比讨价还价的争辩更有效。

“没钱啊！”——了解一下不用花钱

客户“没有钱”“超出了预算”，这样的客户能成交吗？表面看，客户没有钱也没有预算，是不可能购买我们的产品的，至少在短期内是不可能购买的。其实并非如此，事实并非客户所说的那样，即使客户声称“没钱”“没预算”，用对理由，一样可以成交。

也许是社会的复杂以及某些销售人员的不正当销售行为，给客户造成了一些伤害，很多客户在与销售员接触时都会带有防备心理。比如，我们在销售过程中，经常遇到类似的情况：打电话给客户，客户一听到是推销电话，话也不说就挂断；销售员在发出邀请成交行为时，客户避而不谈。久而久之，客户对于推销行为习惯性地穿上了一套保护衣，不管你的成交理由如何，客户心中早已准备了一千种理由来应付。为此，“没钱啊”“没有预算”“预算用完了”等，成为客户应对销售员的理由之一。

当然，并不是所有的客户说此话都是为了应对销售员，有一些客户的确没有钱，也确实没有预算。对于销售员来说，如同一个需要汽车的人，却没有足够的钱，是一件很尴尬的事情。

那么，客户说“没钱”“超出我的预算了”，是真的吗？我们是否能够用别的理由说服其购买呢？

刚子是一个机车迷，熟悉各种各样的机车，有很多机车朋友，但是，由于是工薪阶层，囊中羞涩，积攒了几年的钱，依然买不起自己喜欢的机车。

一天，一位同样喜爱机车的朋友要买车，喊他去参谋参谋。刚子以前也经常陪朋友买车，但每每看到朋友买到心爱的车，而他只是一个参谋者，心中就有一些酸楚。这次，他用阿 Q 的思维想："虽然自己买不了，但过过眼瘾也不错。"

于是，他和朋友来到机车店，热情地帮朋友选了一台满意的机车。在销售的过程中，销售员发现，虽然买机车的不是刚子，但是刚子对机车非常熟悉，说道："看您这么喜欢机车，为什么不买一台呢？"

刚子是一个性格直爽的人，没有掩饰自己钱不够的窘况，摆摆手坦然地说："我是喜欢机车，但是钱不够啊！"

销售员："没关系，钱不够有钱不够的买法。"

刚子疑惑地说："怎么，你还能借我钱不成？"

销售员："我是借不了你钱，但是我们公司能借给你钱啊！"

刚子："贷款？"

销售员："和传统的贷款不同，我们是无利息借款。公司最近刚推出的活动，只要您有担保人，我们就可以免息为您借款，两年之内还清即可。"

刚子："这个，我去哪里找担保人呢？"

这时，刚买完机车站在刚子身边的朋友说："你看我行吗？我担保，现在买一台，以后一起玩啊！"

销售员："当然可以，您现在刚买了一台车，条件非常符合。"

刚子有些激动地说："太好了，选车去。"

案例中，客户刚子想买车但钱不够，这是一种真实情况，而不是客户的搪塞敷衍。为此，销售员用信贷的方式顺利成交。其实，对于此种情况，很多公司都出台了各种各样的政策，比如买房、买车时银行按揭，如同案例中的公司垫付贷款，联合第三方融资机构贷款等，这些都可以解决客户"钱不够"的问题。当然，运用这种方式销售时，客户的"钱不够"必须是真实的，且有一定需求的。

事实上，有相当一部分客户所说的"钱不够"并不是其心里话，只是一种应对销售员的借口。

对于此类客户，销售员就不能使用信贷的方式与其成交，也不要提信贷的事，因为即使你有一千种方法解决客户的"没钱"问题，客户会有一百种理由给予拒绝。我们首先要做的是让客户了解我们的产品，而不是解决客户"没钱"的问题。

有一次，我坐火车回老家，坐的是卧铺，正躺在床上看书，远远地听见一个幽默且喜兴的声音："回家的旅游的，老板老板娘白领蓝领们，新疆天山雪莲了解一下了，不要999，也不要599,199就可以买回家。"列车销售员来售卖东西了。

走到我的铺位过道时，销售员说："先生很勤奋啊，一看就是文人，怎么样，来一包吧。"

听对方说话这么幽默，我不好意思直接拒绝，就幽默地说："没钱啊！"

销售员说："没钱可以了解一下，买不买没关系，关键在于了解。"

我无话以对，所以就拿了一包看了起来。仔细看介绍，功效还不少。雪莲性微凉、味甘，入肺肾经，具有美容养颜、疏通理气消气解暑、醒脑解渴、补肾壮阳等功效。顿时来了兴趣，再看看包装、生产日期等信息，没有什么问题。再者，列车上的售卖行为应该归属于铁路局管理，售卖假冒伪劣产品的概率应该很小吧。于是，当时就买了一盒。

我是一个消费比较严谨的人，当我第一次听到销售员吆喝这个产品时，我是不感兴趣的，我告诉销售员"没钱"是想拒绝对方，而对方以"了解不用花钱"使我不得不去了解，这是我从不感兴趣到产生兴趣的一个重要节点。

一个人，不去了解对方，你永远不知道他是好人还是坏人。同样，一个产品，你不去了解，你不会知道你需要还是不需要。有一部分客户所谓的"没钱"，其实是对产品的不了解，如同我在火车上的经历一样，因为不了解、没有兴趣、不想买，所以"没有钱"。

所以，对于客户所说的"没有钱"，不管对方是真的没有钱还是一种搪塞理由，我们首先要做的是让对方了解我们的产品。如果客户真的钱不够，我们可用按揭、贷款的方式帮助其完成购买行为；如果是一种借口，了解之后还是不需要，暂时放弃，以后有需要的时候他自然会想到我们。

“东西不咋地！”——就事论事，有逻辑地反驳

人无完人，产品亦如此。世界上没有一个产品是完美的，都有或多或少的问题、不足及瑕疵，因为社会、事物总是处于不断变化、不断发展的状态。然而，有些客户就是喜欢挑毛病，总是以各种理由迫使我们做出让步或者不予成交，对于此类客户，我们该放弃还是继续说服呢？

一名优秀销售员，就应该把“放弃”两个字从自己的字典里除去。遇到困难，迎难而上者，往往能成大事，轻言放弃者往往诸事难成。生活如此，事业如此，销售亦如此。不管客户找什么样的理由拒绝，销售人员需要做的就是见招拆招，逐一化解，哪怕是客户对自己的产品言之不屑。

客户否定产品，说话不委婉，直接给出肯定式结论，比如“这外观也太难看了”“做工不够精致”“功能太单一了”“这也太重了”等。通常出于两种情况，一种是客户以此理由逼迫我们让步，为自己争取更多的利益；另一种是客户以此理由拒绝成交。我们来分析一下。

第一种情况，首先客户是对产品认可的，有需求，且有购买成交的意向。比如客户说：“这个外观太丑了，便宜点吧，打 8 折吧。”客户只是拿这种理由当作一种讨价还价的筹码而已。处理这种情况要视具体情况而定，如果有满足客户提出要求的空间，进行简单的反驳说明后，进入讨价还价流程，快速成交。如果不能满足客户提出的要求，要进行有理有据的反驳。

第二种情况，客户不认可产品，不提任何要求，直接拒绝。比如客户说：“外观太丑了，不需要，谢谢。”因为外观太丑，客户明确表示不需要。反过来，要

让客户购买，就要让客户对外观进行重新认识与理解，比如可以讲讲产品外形设计的特殊理念，设计师的知名度、专业性及艺术成就（有哪些作品，得过哪些国际大奖等），或者说设计本身是为某种功效服务，比如可以提高节能性，贴合人手的弧度，易于操作等。反驳也要有理有据，对客户的思维具有引导性，牵引他从另外一个角度去看，去审视，也许就会得出不一样的结论。

处理客户心中的异议是销售工作的重中之重，因为只要客户心中存在异议，始终带有对产品的不满，一方面与客户很难成交、另一方面，即使成交，客户心中也是不痛快的。

某品牌空调销售员小张拿着客户记录单正在与客户一一沟通。电话接通后，小张："李先生，您好，我是某品牌空调的销售顾问小张。前几天给您打电话，您说正在装修房子，考虑要买一个柜式空调放客厅，不知道您考虑得怎么样了？"

客户："嗯，我考虑了一下，暂时先不买吧，等以后再说。"

销售员："那我过段时间给您打电话可以吗？"

客户："实话跟你说吧，你们这个品牌我了解了一下，东西不咋地，所以……"

销售员："哦，是这样啊，不知道您具体指的是哪方面呢？"

客户："网上说你们的产品，质量太差。"

销售员："这个您可能是多虑了，我们产品的质量在全国不能说是第一，但也是屈指可数。2006 年，我们获得了……2010 年我们被评为……今年，我们还获得了……这些都是可以在权威网站查到的。至于您说的网络上评价差问题，要么就是竞争对手的恶意攻击，要么就是个别事件被扩大化了。"

客户："我也知道网络上的信息不可全信，但那么多人说质量有问题，就值得怀疑了。"

销售员："很多东西口说无凭，但权威部门颁发的奖项及技术证书是具有说服力的，这一点就可以证明我们产品的质量并不是网上说的那样，您说对吧？"

客户："没错。这样，我们约个时间，改天我去你们店里看看吧。"

案例中，客户提出拒绝成交的理由被销售员初步说服了，销售员的做法很简单，那就是摆事实，讲道理，论证据，这样，客户的理由就会变得不成立，尽管当时无法说服客户成交，但最起码争取到了客户愿意进一步了解。

在实际销售中，很多销售员都会拿理由反驳此类客户，但是效果并不是很好，有时会僵化与客户之间的关系，有时客户会生气地离开，原因便是采用的反驳方法不对。比如没有依据支撑的直接反驳，如“谁说我们的产品质量不好，我们的产品可是五星”；或是污蔑性地反驳，如“你真是外行，听风就是雨……”；等等。这样的反驳，既无理无据，也没有理由支撑，难免会让客户觉得，除了得到单纯的叫板之外，再无其他实质性的收获，自然无法心悦诚服。

为此，我们在用理由反驳客户时，要注意以下几点：

第一，语气温和。不管客户对我们的产品评价如何差，销售员一定不要着急，阐述理由时语气要温和，不要使用一些污蔑、讽刺客户的词汇，不攻击客户，就事论事，客观分析解释。

第二，理由要有据。既然我们要用理由说服客户的理由，不管客户的理由多么荒谬，我们的理由要有据可查，让客户听了之后觉得有道理。例如，案例中销售员用权威部门颁发的证书及技术数据表明产品质量的可靠性，就是一种有理有据的做法。

第三，细问客户找漏洞。“东西不咋地”，是指哪方面？是质量问题？技术问题？还是运行问题等，这一点要了解清楚，只有找到客户具体不满意的地方，我们才能够“对症下药”，找到合适的理由去反驳。

第四，用词要肯定。比如使用“一定”“绝对”等词汇来肯定我们的理由，就等于否定了客户的理由，能够传递出我们对产品的信心，加强客户对自己理由的怀疑度。比如客户说：“你们产品的外观真的太丑了。”销售员说：“不同的人有不同的看法，不过我们的产品是根据人体工程学设计的，是邀请国际知名设计师 ×× 亲自操刀，在国际上绝对是前卫设计……”

总之，当客户对产品不满意时，销售员首先要搞清楚具体方面，其次找应对理由，就事论事，有针对性地进行逻辑反驳。

“服务太差！”——提出完善的方案，解决客户心中的顾虑

随着人们对产品追求的提升，客户是否会购买一个产品，不仅仅要看是否物美价廉，对产品的售后服务也越来越重视，特别是对一些使用周期较长及需要维护的产品，对服务的重视程度要高于产品本身。对于客户在产品服务方面提出的异议是否能够完善解决，决定着产品最终是否能够成交。

对于大多数产品来说，拼到最后就是拼服务，因为大家的技术、质量、价格都差不多，品牌知名度也大体相同，比如美的、格力这样的电器企业，他们的产品你能说谁家好谁家不好吗？自然不能断定，那么，对于客户来说，就要看服务，销售员是否热情、售后是否完善，谁家好客户就会选择谁家的产品。

生产产品的企业明白这个道理，客户自然也越来越重视这方面，对服务提出异议，以“服务不好”为理由拒绝也就成了销售人员经常遇到的问题。

对于客户来说，所谓的服务主要包含两方面，一方面是销售员销售时的服务；另一方面是产品的售后服务。

前几天去见一个做培训的朋友，见他换车了，开了一辆沃尔沃，一问价格是30多万。他原有的车是吉利10万左右的越野车。沃尔沃和吉利虽然说现在是一家，但级别差远了，我开玩笑地说：“车升级了，还是跑不出吉利啊！”

他说：“本来想买奔驰来着，三四十万的国产奔驰也不错。但当时去看车，也不知道是看我开了个吉利还是怎么，那卖奔驰的销售人员对我爱搭不理的，态度很差，就让我觉得很不舒服。他们的车再好，服务不行，那我觉得还不如考虑一下其他品牌，同等级别的车很多，干吗非要买他们的车呢。”

朋友本来计划买奔驰，但最后没有买，原因就是销售人员服务太差造成的。

在很多人的观念中，奔驰是大品牌，是豪车，质量够硬，牌子够响，所以服务也一定不错。在听朋友讲之前，我也是这么认为的。但听了朋友这个经历后，我这个边缘人也瞬间对奔驰的服务产生了怀疑，连带着对这个品牌的好感都降低了。我想，如果下次有人问我买奔驰车怎么样，我可能会告诉对方："听说服务不是很好。"这便是口口相传，所谓的口碑。

虽然理智上知道不可以"一杆子打翻一船人"，因为这有可能只是某个销售人员的个人行为给品牌抹了黑，但客户在当下受到了不良甚至较差的服务之后，极为不悦的心情往往让他无法理智思考，也不愿理智对待。人本来就是易受情绪支配的动物，不痛快就要发泄，有不满就要一吐为快，当一个客户把不好的服务体验告知身边的亲戚、朋友、同事、伙伴时，往往便会产生十个、二十个甚至更多的"未体验，已不满"的潜在客户，也会造成一些品牌的衷爱者及关注者大量"脱粉"。

对于"未体验，已不满"的客户，最好的消除方法是让其看到销售人员的服务准则，完善、严谨且高要求的接待流程，以及客户投诉的渠道与常规的处理方式，让客户相信某个亲友遇到的"服务差"只是个别问题。

相对于售前服务异议，客户提出售后服务异议是最常见的，诸如"保修时间短""维修不及时""售后维修费用高""售后不方便"等，几乎每一个商品都会有售后让客户不满意的事情，一传十，十传百，这些事情自然也会让一些潜在客户知道。那么，当销售员向客户介绍产品时，客户就会以"售后服务太差"拒绝。

同样的道理，推倒客户以售后服务为拒绝理由的最好方式便是亮出完善的服务体系，让客户看到这款产品完善的服务方案，甚至我们可以针对客户自身的情况量身定制售后服务方案。这样，客户的拒绝理由就会不攻自破。

那么，我们在面对客户的"服务太差"理由时，该从哪些方面入手解决呢？

第一，按异议阶段应对。如果客户说的是前期服务差，我们就从销售人员个人素养入手，人分三六九等，销售人员也是如此，销售员不同，即使有明确的服务流程及相关制度，服务也是有差异的。从这个角度向客户阐述，通常客户都能够理解，异议也会打消。如果客户说是产品售后服务差，从服务环节衔接可能出现误会、完善的规章制度等方面阐述，具体参考以下两条。

第二，个性定制，解决异议。对于某些客户或者某些产品来说，由于客户的需求不同，我们很难用同一个服务去满足所有的客户，在这种情况下，我们就需要为客户量身定制适合客户需求的服务。客户在提出此方面异议时，首先，我们可以以此理由作为回应，如“您的那位朋友可能没有定制适合自己的服务”；其次，询问客户的需求，为客户提出一个或多个完善的服务方案，获得客户的认同。

张明是某国外品牌叉车销售员，这天他去某工厂推销叉车，负责人说：“你们这个牌子，我可听说服务很差啊！”

张明说：“这个不会，基本的售后服务都是一样的，我们还有定制性服务，只是有些企业的叉车使用频率高，有些使用频率低，您听说的服务差可能是他们没有定制出适合的服务。”

客户:“这个我不懂,反正我听别人说售后差,所以你们的产品我没有考虑。”

张明：“是这样，我们的售后服务流程是……此外，如我刚才所说，可以根据您的需求定制个性服务。”

客户：“听你这么说，你们的售后服务还是很完善的，像我这种情况，应该如何定制呢？”

有句话说“您的需求，就是我们努力的方向”。既然客户觉得我们的服务差，提供定制性服务，外加约束完善服务的机制，客户的疑虑就会被打消。

第三，用案例事实说话。要让他人相信一件事情，并不是道理要讲得多明白，而是让对方看到类似的成功案例，产生同感。同样，我们可以举一些成功的、与客户有一定关系的最好是客户能够求证的案例去说服客户，比如客户说：“你们售后人员到现场的速度太慢，说的是 1 个小时之内，但听说经常超过 2 个小时。”找到相关案例后销售员可以说：“×× 公司用的就是我们的产品，售后也是我们在做，您可以打听一下，绝不是您说的这种情况。”

我们拿出事实证据，拿出不怕客户去求证的自信，让客户知道，只要他愿意去求证，便很容易证明我们说的话是否真实，那么，客户大多都会慢慢放下疑虑。

总之，应对客户这类理由的步骤是：客户拒绝成交的理由是我们的“服务差”，我们的应对理由是“完善的服务方案及可信的证据”。

“我考虑考虑！”——不如我们一起考虑吧

“我考虑考虑吧”“好的，我知道了，有需要联系你”，这是客户常用的一种委婉拒绝理由，事实上，当销售员离开后，大多数客户不会考虑，随后也不会和你联系。我们说过，销售就是帮助客户解决问题，那么，我们为什么不和客户一起考虑呢？

有一类客户，当销售员把产品完整地介绍给对方后，他们会表现出这样一个特征——拖延。既不告诉你会购买，也不告诉你不会购买，而是用一些理由来拖延想要成交的销售员。比如：

“嗯，产品不错，我考虑考虑再答复你吧。”

“这个项目太大，我需要时间考虑一下，这样，给我留个联系方式，考虑完我主动联系你。”

“好的，我与他人商量一下，考虑好了联系你。”

……

然而，当你离开客户之后，十之八九是等不到客户任何信息的。当你等不到客户任何信息，再次联系询问客户的时候，客户大多已经淡化了此事，或已选了别家。

面对这样的客户，有些销售员会疑惑，客户到底有没有需求呢？如果没有需求，为什么当时不拒绝呢？如果有需求，为什么考虑之后不联系销售员呢？

我们来分析这类客户：

首先，客户这样的拒绝理由，客观地说是看不出客户有无需求的。有些客户本来没有需求，但是，一方面，因为其性格及习惯性的沟通方式，他不好意思拒绝，所以用“考虑考虑”来婉言拒绝；另一方面，他担心直接拒绝后销售员还会缠着他，试图说服他。从销售员的角度讲，如果客户直接拒绝，大多都不会马上放弃，会继续说服客户。就拿我来说吧，不知道何时我的电话号码被他人出卖了，随后我经常接到一些推销电话，当我坚定地告诉对方“不需要”时，对方不但不放弃，反而用各种方式滔滔不绝地来说服我。之后，我换了一种应答方式，告诉对方“我知道了，我考虑考虑有需要联系你”。通常，两三句话就会挂断，随后对电话进行标记，避免打扰。所以说，有些客户即使没有需求也会这样说。

有些客户有需求，但的确一时半会儿做不了决定，也许要和他人探讨确定，也许需要查阅相关资料深入了解后决定等，所以，客户会说“我考虑考虑”。

其次，对于一些有需求的客户，考虑之后为什么不与销售员联系呢？一方面，客户考虑之后觉得不合适，觉得没必要再联系；另一方面，因为客户太忙，这件事情被搁置了，久而久之忘记了，从而造成了“考虑”没有结果的情况。

对于这类问题，传统的解决方法是回访，即从客户说要“考虑”的那一天起，2 ～ 5 天进行回访，询问客户考虑的结果，但成功率并不是很高。《左传》中有一句话：“一鼓作气，再而衰，三而竭。”一些左右摇摆的客户，如果当场不能解决他的问题，事后就很难成交，这一点相信很多销售员都明白，这也是很多销售员死缠烂打的原因之一。

通过以上分析，不管客户说的“考虑考虑”是真的还是假的，最好的应对方式是告诉客户“我们一起考虑吧”，表达的方式有很多种，如“是什么问题呢，我来帮您分析分析吧”“有哪些地方不明白吗？我给您解释一下”等。

这样，销售员就可以参与到客户的考虑当中来，一方面可确定其是否有需求，另一方面可现场解决客户的疑虑，深化与客户的沟通。

客户：“我考虑考虑吧。”

销售员：“太好了，这说明您对我们的产品还是感兴趣的对吧？”

客户：“嗯，产品确实挺好。”

销售员：“既然您要考虑，您一定想认真地做这个决定。”

客户：“那是自然，这是我做事的习惯。”

销售员：“好吧，这个决定您如此看重，我又是这方面的专家，不如我们一起考虑吧，有什么问题我也能够第一时间答复您。”

客户：“……”

案例中销售员这种应对方法，客户一般都不会拒绝，除非客户真的没有需求，只是拿“考虑考虑”作为拒绝的理由，如果是这样，我们便可以放弃。销售员在运用理由“我们一起考虑”应对客户“考虑考虑”的理由时，为了达到更好的效果，需要注意以下几点：

第一，语言表达要自信。如果销售员唯唯诺诺地说“不如我们一起考虑吧”，这样表述的感觉是销售员自己都没有自信，客户自然更没有自信。即使客户有需求，也会当场拒绝。据相关研究，一个人的情绪能够受到身边人情绪的感染与影响，客户说“考虑考虑”说明其处于左右摇摆阶段，这时，销售员如果用果断自信的理由来感染他，客户也会变得自信起来，有利于进一步的沟通。

第二，用语言降低客户想要拖延的欲望。客户既然说“考虑考虑”，说明此时客户希望我们离开的欲望是较为强烈的，这时我们可以说：“像您这样的大老板一定很忙，一寸光阴一寸金，不如我帮您分析分析，免得我下次过来又耽误您的时间。”这样既抬高了客户，体现出对客户的尊重，又可以降低客户拖延的欲望。

通常，客户表现出的拖延特点是：一推、二拖、三躲。

“我考虑考虑”即是推和拖的表现，如果在这个阶段客户的疑虑不能被打消，到了躲这个阶段，要想成交几乎不可能。所以，参与到客户的“考虑”当中也是一种销售时机的把握。

“我现在恐怕无法做决定，不过你可以将你们的资料留下，我们详细研究后再决定……”

“老实说，我看中了好几家产品，我需要认真比对之后再决定。”

“我需要对公司负责，所以，我必须好好研究一下再给你答复。”

“你们公司的产品我了解了，放心，有需求一定会首先考虑你们的产品。”

当客户说出上述理由时，销售员一定要明白，不可轻易离开，一定要找理由与客户继续沟通，搞清楚客户拖延的真正原因，然后“对症下药”，尽量现场解决客户异议。

“别家更便宜！”——对比中找应对理由

“你们家的产品要比别家贵好多啊”“别家的才200元，你们家的要比别家的贵80元呀”“不要了吧，别家的比你们更便宜”……客户类似的理由销售员经常会遇到，因为别家的便宜而拒绝与我们洽谈，是不是就意味着无法成交呢？

我们每个人都明白“一分价钱一分货”的道理，懂得“买东西不能只图便宜”的真理，然而，有几个人能够做到呢？有多少人看到促销、打折、优惠的产品会三思而后行呢？显然很少，不然就不会有那么多人上当受骗。所以，价格与质量相比，对于大多数人来说，价格的吸引力更大一些。当然还有一个原因，价格的体现更加直观，人们更容易分辨。比如两个同类产品，甲销售员说：“我的价格比对方便宜50元。”乙销售员说：“我的质量比对方好很多。”通常客户会向甲靠拢。

所以，销售员在销售过程中会经常遇到客户比价的情况，客户也会以此为理由拒绝购买我们的产品。

“张经理您看，我们的机器采用……”某机械厂销售经理张总正在认真地向客户介绍他们的产品。说起此客户，可以说是张总“捡”来的，那天他去广州出差，在火车上认识了一位朋友，大家谈得投机，对方便向他介绍了这位客户。

张经理详细介绍了相关产品后，客户微笑着说：“你们的产品我基本都了解了，既然是朋友介绍的，什么都好说，你们这台机器的单价是多少？”

张经理：“18.5万，包含3年免费常规保养。”

客户："哦……"

客户想了想继续说："都是朋友，我也不耽误你的时间，不瞒你说，之前我们已经在和一家公司洽谈了，他们的报价是 17 万，所以，不好意思啊！"

张经理听了一时不知道如何说，别家的比自己的便宜了 1.5 万元。张经理想了想接着说："我明白，没关系的，既然这样，我能不能冒昧地问下他们是哪个牌子哪种型号呢？"

客户："这个没关系，我说的是 ×× 品牌 h001 型，他们的功能和你们相同，说实话，你们的价格确实太高了。"

张经理："你说的这个产品我了解，您知道这相差的 1.5 万元主要体现在哪里吗？"

客户："不知道，你说说看。"

张经理："首先，他们用的芯片是国产的，我们用的芯片是德国进口的，仅这一单品价格就相差 1 万元左右；其次，他们的动力供给系统依靠的是发动机，我们的动力供给系统是混合式，环保，使用费用低，可大大节约运作成本，这两者的价格相差大约是 1.1 万元。"

客户边听边在电脑上查阅相关资料，进行对比。

张经理接着说："所以，看似功能一样，但质量、技术相差很大，这样算下来，我们的价格其实更便宜。"

客户没有说话，继续在电脑上查询着。大约 1 分钟后，说："我刚才仔细看了一下，的确有区别。这样吧，你给我再详细介绍一下。"

货比三家是人们购物的一种习惯，这是一种很好的购物习惯，但如果客户如同案例中的客户一样只比价格，不比其他方面，这显然是不对的。为此，不管是从销售的角度还是从市场良好发展的角度，销售人员都有责任给客户指出来，让客户认识到产品与产品的不同，价格与质量之间的关系。

阐述方式可采用对比法，把自己的产品与客户认为便宜的产品进行对比，你会发现很多说服客户的理由，具体方法及细节是：

第一，系统对比。所谓系统对比，就是把两项产品从头到尾进行对比，如品牌、性能、材质、技术、售后等，我们会发现自己产品的优势与对方产品的不足。这就是说服对方的成交理由。

第二，重点对比。在时间不允许的情况下，比如客户已经表现出不耐烦，坚定地拒绝了我们。这时，我们可选择性地拿出一些重点进行对比，比如产品的性能或者技术的不同等，且最好是客户关心的重点，这样更能吸引对方关注。

第三，把不同转化成货币。大多数客户并非专业人士，我们对两个产品进行对比说明时，客户未必能听懂，即使客户能听懂，也不是很直观，在一定程度上会给客户造成选择甄别的困难。对此，我们最好能够把不同转化为最直观的数字，用货币说明最好。如同案例中张经理的做法，明确指出产品之间的不同有哪些，价格大约相差多少。这样就会一目了然，客户也会快速地做出判断。

针对“暂时不需要！”——不断戳其痛点，强化可购买的理由

客户口中的“暂时不需要”，表面理解为以后可能会需要。事实上，这不过是客户一种拒绝的理由而已。说出这种拒绝理由的客户，其实大多都是有需求的，只是他们感受不到需求的紧迫感，或感受不到我们产品的价值。

相信很多销售人员对这样的场景都不会陌生：

销售员跟踪客户已经有一段时间，对客户的需求有了一定的了解，客户的痛点也已非常清楚。销售员相信，自己的产品能够满足客户的需求，解决客户的痛点，是一款非常适合客户的产品。

于是，销售员信心满满带着产品去拜访客户，并准备好了成交合同，甚至已经想着成交后如何犒赏一下自己。谁知，当销售员刚介绍完产品，客户却开口说：“我大致了解了，不过我暂时不需要，有需要了我再联系你吧。”

就这样，客户的一句“暂时不需要”把销售员的幻想全部浇灭了，打乱了销售员所有的准备，硬生生地把天给聊死了。即使你做了充足的准备，客户的需求和痛点你已了如指掌，客户的一句话就让我们处于尴尬境地，成交就是这么难。

据我了解，大多数销售员都非常害怕听到客户的“我暂时不需要”，尤其是对于一些新入职的销售员来说，如同火热的心被泼了一盆凉水，已经没有欲望与客户继续沟通，或者实在不知道该用何种话题来应对这种拒绝理由，最后只能灰溜溜地离开。

但是，要想成为一名优秀的销售员，对于客户“暂时不需要”的理由，我们不可气馁，更不应该心灰意冷。要像面对其他客户拒绝理由一样去解决应对，继

续与客户沟通，找到客户提出这种理由的真正原因，客户为什么暂时不需要？是因为他已经有意向合作的公司了吗？是因为已经有类似的产品了吗？还是因为他准备过段时间再购买呢？

第一，我们应该用正确的问题寻找客户拒绝的理由。举几个例子：

客户：“暂时不需要。”

销售员：“如果您现在有需求，而且钱也不是问题，您会购买我们的产品吗？”

如果客户的回答是否定的，这说明客户不认可我们的产品，我们需要做的是向客户深入传递产品价值，提升客户对产品的认可度。相反，如果客户的回答是肯定的，要与客户进一步沟通，继续寻找原因，到底是什么问题影响着客户与我们的成交。

客户：“不好意思，我暂时不太需要。”

销售员：“好吧，您觉得什么时候会需要我们的产品呢？”

如果客户正面回答了你的问题，告诉了你时间，根据客户告知的时间再回访即可。如果客户还是说“暂时不需要”或者“这个不好说”，销售员可自行选择一个再次回访的时间，询问客户是否可以，如“那我下个月再给您打电话如何？”

客户：“我知道了，暂时不需要。”

销售员：“不知道您是否了解我们的产品呢？”

这种疑问适合销售员刚开口客户就以此理由拒绝的情况。通常，客户不会果断地说“我不了解”，而是说自己了解或者了解一点。接下来，销售员可继续追问“那么，您最欣赏我们产品的哪一点呢？”这样，沟通便会继续且深入。

当然，类似询问客户的方式还有很多，比如：

“您公司最近是否有其他决定，让您不能下决定？”

“有时候客户说暂时不需要，其实是想……您是否也有此想法呢？”

“非常感谢，如果您说暂时不需要，今天无论我说什么都是在浪费您的时间，不过刚好我手上有关于您行业的一些资料，我发给您看看好吗？”

总之，询问的目的一方面是把问题作为一个理由继续与客户沟通，另一方面是探寻客户拒绝的真正理由。

第二，不断强化客户痛点。

通过第一步，销售员可大致判明客户拒绝的真正理由，接下来，需要用不同的方式不断戳客户的痛点，强化客户购买的理由。

我们来看一下小张被成交的案例。

小张是我很好的一个朋友，目前从事微商工作，有自己的工作室，员工 8 个人左右。由于我之前对自媒体营销有所研究，写了一本《自媒体营销实战全攻略》，我与小张正是通过这本书认识的。

那几天，小张邀请我去他的工作室看看，说有一些问题想请教我，让我给予指导。我一共待了两天，第一天下午 3 点左右的时候，我正在和小张探讨一些问题，这时有一个 20 岁左右的姑娘走了进来说找老板，工作人员带这位姑娘来到我和小张所在的办公室后，姑娘说：“您好，我是 ×× 互联网公司的，可以为您提供网络推广、店铺打造管理服务……”

原来这位姑娘是一名销售员，从我对小张工作室的了解来看，他的确需要这样的服务，因为客流量不是很大，需要做一些相关的推广，店铺也需要专业人士进行装扮。

不知道是因为我在的原因还是其他原因，小张想了想说：“谢谢，我们暂时不需要吧。”

姑娘听了并没有表示离开，而是说：“您既然暂时不需要，我想不管我说什么都是在浪费您的时间，不过我有一些关于电商业绩提升的资料，给您看看吧，希望对您的事业有所帮助。”

小张找我就是因为店铺业绩的问题，听到销售员说有关于业绩的资料，自然来了兴趣，说道：“好啊，我看一下。”

姑娘：“您看，这是一些店铺业绩提升曲线，我对他们做了分析，他们的业绩之所以会逐步提升，主要原因是广告推广的投入、店铺的装修风格、各种活动的介入……”

小张边看边连忙点头。接着，姑娘继续结合相关资料向小张阐述不做广告推广的电商经营会多艰难，没有活动客户的黏度就会降低等，还举了一些因为没有广告推广、专业维护的电商倒闭的案例。

最后，小张被这位姑娘说服，当场签订了互联网推广协议。

可以看出，这位姑娘是一名优秀的销售员，对于小张的拒绝，她没有放弃，利用问题探寻小张的需求，接着强化小张的痛点，最后与小张成交。

客户成交欲望是否强烈，关键在于客户对需求痛点到底有多痛，也就是说，客户越“痛”，成交欲望就越强。通常以理由“暂时不需要”拒绝的客户，说明其痛点并不强烈，甚至没有感受到痛点，销售员在确定其需求痛点后，要通过不同方式不断强化客户痛点，让痛点成为客户成交的理由。

“我问问某人再说！”——巧妙放手勤跟进

表面分析，客户拒绝理由“我问问某人再说”=”我说了不算”，也就是说对方不是真正的决策人，销售员需要过对方这一关才能与决策人对话。还有一种情况，客户就是决策人，但不想与销售员过多纠缠，从而以此为借口拒绝。对此，销售员该如何应对呢？

王倩，一名大学毕业不久、入职不到一个月的某企业咨询管理的业务员，该公司随着业务的发展，在二线城市开设了很多分公司，王倩在总部培训了一个月后，便被分配到二线城市去拓展业务。

王倩准备拜访的第一个客户是某饲料公司的区域经理李总，是通过网络联系到的，随后进行了微信沟通。王倩通过微信表明身份目的，希望与李总见面沟通，进行全面介绍，对方同意，并确定了见面时间。

这天，王倩一大早来到李总办公室，简单寒暄后说道：“我发现贵公司近几年发展非常快，各个方面的培训好像特别多。”

李总：“是的，公司发展太快，就需要有一些正规的培训来保证员工的质量。”

王倩：“我们是国内专业的企业内训机构，我给您详细介绍一下我们的课程产品吧，您看怎么样？”

李总：“好啊！”

王倩：“我们公司的课程主要有……”

王倩大概用了二十分钟的时间对公司的培训课程进行了详细的介绍，之后用期待的眼神等着客户的回复。

李总听完后，想了想说："你们的课程的确不错，不过我现在还不能做决定是否订购你们的课程，我需要和老总商量一下后再回复你。"

王倩听了李总的回答，顿感失望，但并不想放弃，急忙说道："这样的小事情我觉得您应该能做主吧。"

李总："这可不是小事情，我需要和老总商量商量再决定。"

王倩："哦，老总现在在不在啊？要不您带我去见见老总，我直接向他介绍一下我们的产品如何？"

听王倩这样说，李总有些不悦，拉着脸说："老总不在。今天就这样，有需要我再联系你吧。"

就这样，王倩近似被客户"轰"了出来，后面再联系客户，对方已经将她拉黑。

案例中王倩的问题很明显，在客户表示要问问某人再决定时，她开始失望甚至不耐烦，可能是由于求胜心切，在不知不觉中用语言贬低了李总，导致李总坚决地下了"逐客令"。

有些销售人员认为，客户的"我问某某再说"就是一种借口，销售员不能轻易放弃，要继续沟通说服对方。的确，当下有相当一部分销售人员采用的都是这种做法，类似的说法有：

"这么小的事情，您自己看着办就行了，还用得着请示领导啊！"

"男子汉大丈夫，这点事情不会您自己做不了主吧？"

"这么小的事情请示领导没必要吧，如果在领导不知情的情况下将此事办好了，对于领导来说一定是一个大大的惊喜。"

这种激将式的应对，其实对客户来说是一种情感伤害，尤其对于一些比较敏感的客户，当听到这样的说后，更会坚定自己的拒绝理由，况且当下的消费者已经变得越来越理智，很少会因为销售员的语言激将而冲动消费。

所以，在这种情况下，正确的做法不是想尽办法去说服客户的拒绝理由，而是分析原因，根据具体原因巧妙跟进，点到为止。

通常，客户类似的拒绝理由原因有二：

第一，客户一个人无权做决定。也许是公司制度、也许是权力有限、也许是消费习惯，有些客户的确一个人不能做出决定，这时，不管销售员如何说服，最终都不会成交。在这种情况下，销售员要做的就是稳定与客户良好的关系，找台阶放手，随后勤跟进。

第二，客户心中有顾虑。对于有些客户，或许是因为产品问题，或许是因为个人性格问题，面对产品是否购买会犹豫不决，需要更多的时间去思考。对于这类客户，销售人员更不能急于求成去极力说服，有句话叫“心急吃不了热豆腐”，销售员越是着急推荐，客户越觉得有问题，警惕性越高。所以，正确的做法是不温不火，客观沟通，客户实在没有现场成交的意向，不如放手勤跟进，既能与客户保持良好的关系，又遂客户的愿，为随后的成交打下良好的基础。

所以，不管客户说这种拒绝理由的目的是什么，都不可强人所难，放手并有计划地跟进效果会更好。

不过，在销售员准备放手跟进前，有几点需要注意：

首先，确定客户是否具有决策权。搞清楚决策人是谁。如果客户的拒绝理由真实，可以很容易知道成交的决策人是谁。如果客户的拒绝理由是一种借口，销售员可通过询问推测。比如，销售员问：“能否告诉我某人的联系方式呢？我们可以建个群，有问题一起探讨。”如果对方不同意，多半是一种借口。销售员问：“贵公司的采购流程是怎样的呢？我看是否能够提供相应的帮助。”如果客户不愿详细说，多半也是一种借口。

需要注意的是，在确定客户是否有决策权时，问题不要咄咄逼人，点到为止，不可影响彼此之间良好的关系。

其次，确定与客户下次沟通的时间，且时间越短越好。比如，客户要与某人商量再说，销售员可提议：“我明天再与您联系可好？”俗话说“夜长梦多”，时间越短客户越能够重视。此外，可假设成交，告诉客户如果客户购买了我们的产品，能够得到哪些好处。

最后，该说的说了，该做的也做了，销售员按部就班地继续跟进沟通即可。

第六章

看准时机，
该出手时就出手

购买欲望出现时，正确引导是关键

英国著名的哲学家、思想家、作家和科学家弗兰西斯·培根曾说：“善于识别与把握时机是极为重要的。在一切大事业上，人在开始做事前要像千眼神那样察视时机，在进行时要像千手神那样抓住时机。”销售亦如此，是否能够与客户成交，关键在于销售员是否在合适的时机放出了合适的成交理由。

美国某机构曾做过这样一个研究：他们调查跟踪了一千名业绩好的销售员和一千名业绩是前者十分之一的销售员，发现他们最大的区别不是专业知识的区别，而是销售时机的把握。比如，有甲和乙两个销售员，他们对产品专业知识都已熟练掌握，在与客户沟通的过程中，他们运用了同样的成交理由，客户对成交理由的认可度也相同。但由于抛出成交理由的时机不同，成交结果就会不同。

5 月初，天气不冷不热，家电市场显得较为冷清。张恒是一位空调销售员，他所在的家电商场，虽然每天都有客户，但大多都是“只看不买，只逛不购”。他明白这正是淡季，但为了业绩，依然会认真接待每一位客户。

这天，一位 30 岁左右的先生经过他的店铺时停了下来，盯着店里的空调看，张恒急忙上前接待，说道：“您好，需要什么空调，进来看一下吧。”

客户见有人打招呼，犹犹豫豫地走了进来。

张恒：“先生想买一个什么样的空调呢？客厅放的还是卧室放的？”

客户：“想买一个卧室放的小空调，准备 6 月份买，先看看。”

张恒：“没问题，我给您先介绍一下，您看这款……”

在向客户介绍的过程中，客户指着一个新款说：“这个空调看着不错，很时尚，颜色也好看，这个是多大的？”

张恒：“这个是1.5P的，适合20平方米左右的屋子，也是刚到的新款……”

客户一副很欣赏的样子，没等张恒介绍完就问道：“这个多少钱？”

听到客户问价格，张恒马上确定这不是一个“看客”，而且已经有了购买欲望。张恒说道：“目前是2380元，到六七月份价格可能会做调整。”

客户：“为什么？”

张恒：“现在是淡季，企业要销量，我们要业绩，所以价格便宜。六七月份是旺季，所以价格会比现在贵300元左右。”

客户：“说的也是，你给我详细介绍一下这款空调。”

……

最终客户购买了这款空调。

案例中开头的情境销售员可能会经常遇到，淡季遇到“看客”，客户某一时段表现得很有购买欲望，但最后却没有成交，让销售员觉得“客户是不是在忽悠我们呢”？

任何人，只要他对某件东西产生兴趣，就说明他拥有该东西的欲望。就拿我来说，每次去商场路过儿童玩具区看见飞行器，都会刻意停下脚步多看几眼，如果这时有促销员过来对我说：“给你们家孩子买一个吧。”我想我可能会买下来，然而，没有一个促销员这样做，而我看一会儿后会觉得：“小孩子玩的东西，太幼稚。”购买欲望瞬间骤减。

所以，一个优秀销售员必须具备这样的素养：在客户购买欲望正浓的时候抛出正确的成交理由。要做到这一点，最关键的是客户购买欲望的洞察与时机把握，在最佳的时机正确引导，抛出成交理由。

我们知道，时机是具有时效性的，一旦错过，便很难再出现。但要准确把握时机，首先销售人员要能够分辨出客户购买欲望的出现。通常，客户购买欲望主要体现在以下几方面：

第一，口头信号。

1. 客户询问价格，并开始讨价还价时。当客户询问价格时，虽不能说明客户购买欲望很强烈，但可以说明的是客户对产品感兴趣，有需求。而当客户讨价还价时，客户的购买欲望又上了一个层级，说明客户对产品已经认可，有了购买的欲望。

2．询问关于产品的具体事宜，如售后、质量、效果等方面时。有些客户对产品问东问西，甚至有一种“打破砂锅问到底”的味道。面对此类客户，销售员切勿不耐烦，这说明客户已经对产品产生了强烈的购买欲望。

3．对产品赞不绝口时。听了销售员的介绍，客户对产品赞不绝口。这类客户可分为两类，一类是“真”客户，对产品非常满意，购买欲望已非常强烈；另一类是“假”客户，并不准备购买，只是做一个了解。不管是哪一类客户，都可通过进一步的引导询问辨别。

4．不断挑产品问题而未有放弃意向时。我们经常会遇到一些挑三拣四、百般挑剔的客户，这里不满意，那里有问题等。有些客户说完会坚定地离开，而有些客户会继续与我们周旋。那么，后者的表现就是一种购买欲望的显现，其目的是想掌控洽谈的主动权。

第二，行为信号。

1．认真阅读关于产品的资料时。有这样一类客户，销售员在介绍产品时，他们并没有认真听，而是在翻阅相关产品的资料。通常，这类客户相对来说是比较有主见的，且有购买欲望。

2．与第三方认真探讨时。换位思考，当我们对某一商品产生兴趣时，大多都会与朋友、爱人、闺密等探讨。同样，客户的这种行为正是购买欲望显现的体现。

3．表情开始兴奋时。客户第一次看到产品时，或当销售员在向客户介绍产品时，客户表现出兴奋的表情，似乎找到了宝贝一样。这也是购买欲望出现的一种形式。

4．主动体验产品或仔细研究时。有一类客户，他会主动要求亲自体验产品，或默默地触摸感受，这说明客户对产品产生了购买欲望。

在判断出客户的购买欲望后，接下来我们要做的就是引导，将客户引导到成交理由上。比如文章开头的案例中，客户在问完价格后，销售员顺势将话题转移到产品价格与时间关系上，成交理由是：将来买要比现在买贵 300 元左右。因为客户已经表现出了强烈的购买欲望，也就有了尽早拥有该产品的想法，所以，这个成交理由足以打动客户。

需要注意的是，当客户购买欲望出现时，一定要把握“快、狠、准”原则，否则，错过时机，客户购买欲望冷却，想要再把客户引导到成交理由上并以此说服成交，会更加困难。

客户情绪兴奋时，拿出理由巧促单

情绪是一个人对外界事物感受后情感的传递，生活中，当人们遇到高兴事时，会显得激动，甚至手舞足蹈；当人们遭遇烦心事时，会垂头丧气，或者愤怒生气。销售中亦如此，客户情绪的表现，就是销售员逼单成交的机会。

有一个 5 岁的孩子，不爱运动，每天除了吃吃喝喝，就是抱着手机看动画片，身体越来越胖，每次到了换季时总会生病。父亲多次想带着孩子去锻炼跑步，可孩子哭着闹着就是不愿意去，该怎么办呢？

父亲想到了这样一个方法。这天，孩子正在看手机中的动画片，他对孩子说："宝贝，我给你找一个非常好玩的动画片好不好？"

孩子说："好啊！"

父亲找了一个关于赛跑的动画片给孩子看，视频中跑到最前面的孩子高喊着"我赢了！我赢了！"非常兴奋。孩子看见视频中小孩跑步的画面兴奋得从沙发上跳下来，在客厅跑了起来。

父亲说道："你看他们跑步多有意思啊！我们也去跑步吧？"

孩子兴奋地说："好啊好啊，我们去跑步喽。我要和爸爸比赛！"

类似哄孩子的招式相信很多父母都用过，其原理就是先引导孩子对其没感觉或者不喜欢的事情进行认知，当孩子情绪高涨时，再附加理由说服孩子去做他原本不喜欢做的事情。

不管是大人还是小孩，情绪的流露都是对事物认知的一种真实展现，当兴奋的情绪出现时，说明其对该事物产生了浓厚的兴趣，此时说服其做这件事情要比任何时候都容易。

同样的道理，在销售中，面对产品，客户显得有些兴奋乃至激动时，也是对产品产生兴趣的时候。这个时候，销售员要及时做出一个动作——逼单，而后成交。

完成这一成交流程有两个要点，一是发现客户兴奋的情绪，二是采用合适的逼单方式。下面我们逐一探讨。

首先，销售员要能够确定客户面对产品时的情绪是兴奋的。可从语言和行为这两个方面进行判断。语言方面，比如客户说："太漂亮了""终于找到适合我的风格了""我们公司就需要这样的产品"等，这都是客户情绪兴奋时的语言表现。行为方面，客户看到产品后两眼放光，对产品爱不释手，手舞足蹈地询问产品的相关信息等，都是客户情绪兴奋的体现。

这样看来，很多人觉得判断客户情绪是否兴奋是一件很容易的事情。其实不然，小孩与成人、心性单纯之人与心思沉稳之人，他们所表达兴奋情绪的方式及目的是有所不同的。在销售过程中，后者往往会将自己的兴奋情绪隐藏起来，以期在谈判中占据优势。

我在买第一台车的时候，去了好多家4S店都没有发现自己特别喜欢的车型，最后和一个朋友来到某汽车4S店。还没有进店，远远的就看见一款外观十分大气的越野车，没等销售顾问过来打招呼，我便快速走到这款车前，围着车两眼放光地看了起来。销售顾问过来后，我兴奋地说："这款车不错，很有男人味。"

销售员说："这款车是今年的新款，外观邀请的是国外设计师……"

销售员的一番介绍后，由于性能动力都不错，我显得更加兴奋了，有点激动地说："开这台车去野外玩一定不错。"

随后，问价格，与销售顾问讨价还价，交钱，提车。

买车两个月后，遇到一个朋友，他也买了一台和我一模一样的车，比我晚一个月，而且是在同一家4S店买的。但让我意外的是，他购买的价格要比我便宜5000元。我当时有些纳闷，为什么同样的车型，在同一家店购买，只是比我晚一个月而已，价格却相差了5000元呢？

后来问了陪我一起买车的朋友，他对我说："因为你太单纯，太着急。"他告诉我，是因为我面对喜欢的车型时太兴奋了，所以在讨价还价时，销售员并不会轻易让步。此后，我在购物时，即使看到非常喜欢的东西，也不会像之前那般把情绪都写在脸上，会尽量淡定地与销售员沟通。

很多人都和我一样，因为某一次或多次购物经验而吸取了教训，再购物时会变得更有“策略性”，会刻意隐藏自己兴奋的情绪。所以，销售人员不能只听客户说什么，更要仔细观察客户的表情和动作，结合对方所说的话分析其此时的心态，是否已处于兴奋状态。

其次，逼单方式。逼单是成交前最重要的一步，是否能够成交，除了把握客户的兴奋点外，不同的逼单方式效果会不同。常见逼单方式有“不错吧，我给您开票吧？”“您是现金还是刷卡？”“怎么样，就要这个吧？”等。在一些金额较小及简单的交易中，这种逼单方式最为常见，简单高效，如果客户没有异议，马上就可以成交。

但是对于一些金额较大且复杂的交易，这种逼单方式不太适合，也显得有些仓促。比如，某销售员向某企业负责人推销一台价值 100 万的设备，客户听了销售员的介绍后表示非常满意，兴奋地说：“有了这样的设备，生产效率一定能够提升。”显然，这是客户兴奋的情绪。这时，如果销售人员说“那我们签合同吧，我马上安排人给您把设备运过来”，客户会同意吗？

显然不会，暂且不说这类产品成交的流程问题，就销售员的说辞都会让客户产生警惕之心。因为类似这样交易金额较大的成交涉及各个方面，比如谈判、售后以及产品的使用培训等，客户不可能因为对产品某一方面的认可就成交。

所以，这类产品的逼单一定要有一个理由，且要逐步进行，比如可以说：“我们这款产品深受各大企业的喜欢，下面我给您介绍一下售后 / 培训……”逐步提升客户的兴奋情绪，待对产品进行了全方位的介绍后，在客户兴奋情绪出现时再逼单成交，成功率会更高。例如，“您看，我们产品的性能、质量、价格等都是很有优势的，您看……”

总之，逼单是为了推动客户做决定，快速推进销售沟通进程，且有理由的逼单更有效。

客户优柔寡断时，懂得暂时离开

有这样一类客户，他们天生优柔寡断，拖拖拉拉，尽管对你的产品很感兴趣，但迟迟不做决定；还有一类客户，患有“选择综合征”，想买又不想买，不知如何决定。这时，我们不妨假装放弃，观察客户反应，看自己的策略是否促进了对方做决定。

日本有一个画家，由于从小生活在贫穷家庭，虽然现在已成名，但生活依然很节俭，一家三口住在一套50平方米的破旧居民楼中。由于经常有一些知名人士来他家里拜访，很多朋友都建议他换一套大一点的房子。在朋友的多次建议下，他决定购买一套新房子。

该画家买房子的消息放出去后，有很多房产经纪人给他打电话或者直接去他家里拜访。刚开始，画家很热情地与他们沟通，但是，随着接到的电话、来家里拜访的房产经纪人越来越多，而且每个人都在千方百计地说服他购买他们的房子，这让他开始有些讨厌那些打电话、登门拜访的房产经纪人了。

这天，他又接到了一位房产经纪人的电话，该销售员表明自己的身份后，画家就说：“别说了，我不买房子。”随后准备挂断电话。

销售员连忙说：“先生您误会了，我不是来给您推销房子的，我是来看看您是否应该换房子，是否现在就换。”

画家听了有些奇怪，既然不是向自己推销房子的，不如听听他怎么说吧。说道：“那好，你来我家看看吧。”

销售员来到画家的家里，四周看了一下，说：“您这个房子地理位置不错，周边房价涨得很快，如果换房子的话建议您不要立即出售；您这个房子结构还不错，一家三口住其实也够用了，不用着急更换。当然，换大一点的房子住着会更舒适一些。根据您的职业，房子最好买在周边安静一点的地方。”

说完，该销售员掏出一张名片说：“这是我的名片，不懂可以随时问我。”然后便离开了。

不久，这位画家通过这位销售员买了一套适合自己的房子。

从人性的角度讲，每个人都或多或少有叛逆心理，如同小孩子一样，你越不让他干什么，他越要干什么。大人的叛逆心理虽然没有这么明显，但一直是存在的。在客户优柔寡断的时候，有些销售员会更加积极热情地说服客户，“别犹豫了，错过就没有了”“您看我们的产品这么好，赶紧决定吧”，甚至有些销售员会带着讽刺的味道说：“难道是买不起吗？”这让一些客户不但不会快速做出决定，反而产生一种对销售员的厌恶之情。

案例中最后一名销售员之所以能够与客户成交，原因就在于他抓住了客户的逆反心理。在客户面对众多销售员的狂轰乱炸而厌烦时，这名销售员的出现并不是给他推销产品，不是让其快速做决定成交，而是提建议，然后果断离开。这反而给这名画家留下了良好的印象，最后选择了这位销售员。

客户的优柔寡断是一种正常的心理活动，通常发生在以下几种情况下：

有需求，但又担心买贵了，为此，不知道买还是不买，十分纠结。

有需求，不着急使用，是现在买还是以后再买，左右为难。

确定购买，但在两个型号当中难以选择，不知道该买哪一个。

首先可以肯定的是，既然客户表现出优柔寡断，说明客户是有需求的。从心理学的角度讲，客户的优柔寡断是一种甄选决策的行为，在经过这一心理斗争后，只有两种结果出现：客户购买或者不购买。

作为销售员，我们当然希望客户最后能够做出购买决定，并且能够高效地做出此决定。

这时的客户，对产品已经有了基本的了解，之所以不能做出决定，很多时候都是心理及习惯问题。销售员如果继续紧逼，继续说服客户购买，客户很容易产生逆反心理，更倾向做出不购买的决定。这是我们不愿意看到的。

销售员如果停止说服，等待客户做决定，会耗费较长的时间，而且对客户做出成交的决定并没有作用。

所以，此时最好的方法是打破客户心理上的优柔寡断，激发客户的购买欲望，让其重新审视考虑，做决定。

有这样一个案例：有一家饭店，生意很一般，老板想出了一个办法，在门口立了一个大牌子，上面写着“不许近看”。

很多人路过饭店看到这四个字，觉得很好奇，不由得走近看一下，看完之后哈哈大笑，纷纷走进了这家饭店。原来，“不许近看”四个大字下面写着一行小字：“我店有与众不同、独家调制养生美羹套餐，敬请享用。”

客户看到这行小字后大呼“上当”，但经不住诱惑，便纷纷走进饭店品尝。

案例中饭店老板用“不许近看”激发了客户的好奇心，从而赢得了客户。反过来再看客户的优柔寡断，此时客户在买与不买中挣扎，要想打破客户这种几乎死循环的思考，激发客户的兴趣，需要有一个与客户逻辑思维相差较大的行为。

此时大多数客户的想法是销售员会催促自己快速做决定，或者在等待自己做决定。那么，我们不妨做一些与客户想法相反的行为，假意离开，比如，“您考虑考虑，这件产品也不多了，考虑好了再联系我”“大致情况就这样，我先回去了，有个客户还在等着我呢”等，这样的话语通常会刺激优柔寡断的客户，由于销售员不是按照逻辑催促自己快速做决定，反而会引起其兴趣，对销售员产生信任感，从而快速做出成交决定。

通常，一个人的思维被控制得越严重，他的反抗欲望就越强。有时候，反其道而行之，找一些理由表示放手，更能刺激其快速做出决定。

此外，我们需要注意，在同类产品竞争激烈的情况下，如果运用此策略未能促使客户做出决定，离开后要适时地与客户保持联系，避免被竞争对手钻空子。

客户固执叫板时，不妨“拜师学艺”

有时，销售员使尽各种方法与客户沟通，都无法说服客户认可产品，在某些有分歧的观点上，客户始终固执己见，眼看交易就要以失败而告终。这时，不妨放低身段，用请教的方式与客户沟通。

我们不得不承认，有些客户，比销售员更能说会道，甚至比销售员更了解产品，为此，在与客户沟通的过程中，常常出现与客户观点、看法不一致的情况，有些销售员觉得：“我是专业的，是经过系统培训的，我说的是对的。”有些客户觉得：“我用这款产品很多年了，对市场上的相关产品了如指掌，我说的才是对的。”

当销售员遇上这类客户时，销售沟通就会变成争辩，成交就会遥遥无期。要解决这个难题，就必须有一方“认输”。毫无疑问，“认输”的一方必须是销售人员，如果你让客户“认输”，成交就会失败，从销售的角度讲，就失去了意义。

有这样一件事情让我印象颇为深刻。我有一个朋友叫李中，他有两个女儿，老二刚出生时，他去母婴超市给孩子买奶粉。销售员推荐给他的是一款进口奶粉，李中看了看说明，说：“其实国产某些品牌的奶粉也不错，不亚于一些进口奶粉。”

销售员反驳说：“不不不，差别还是很大的，你看这款欧洲进口的奶粉，每桶的价格虽然相差几百元，但是品质的确很好，国产奶粉是没法比的。”

李中说：“这个不能以偏概全，国产奶粉某些品牌的确有问题，但是有些品牌还是不错的。”

销售员：“还是有区别的，进口奶粉之所以贵，还是有道理的。”

……

就这样，销售员和李中争辩了几分钟，也没分出谁输谁赢，最后李中离开了这家母婴店。

奶粉没买成，倒和销售员进行了一场争辩，李中走进了另外一家母婴店。同样，销售员向他推荐的依然是进口奶粉，在谈到国产奶粉和进口奶粉的区别时，李中不出意外地与销售员的观点产生了分歧。但是，销售员在分歧出现后立即说："您说的没错，看来您对奶粉很有研究啊，这方面我得向您学习。"

李中看到销售员对自己的观点表示认可，并要请教自己，他开始滔滔不绝地向销售员讲述自己近几年为孩子购买奶粉积攒的心得体会。

最后，李中在这家店购买了奶粉，意外的是他购买的是进口奶粉。

这件事情很有意思，从最后的结果来看，李中更加认可的是进口奶粉。在第一家店，销售员向他推荐的就是进口奶粉，且观点认为进口奶粉就是比国产奶粉好，为什么他没有购买呢？原因就是李中的观点与销售员的观点出现了对峙情况，李中觉得销售员的观点太绝对，销售员觉得就是如此。最终，谁也不让步，成交失败。

在第二家店，虽然李中和销售员的观点也出现了分歧，但销售员并没有与李中争辩，非要分出谁胜谁负，而是放低身段，采用请教的方式听取李中的观点，结果是即使李中认为某些国产奶粉还是不错的，但最后依然购买了进口奶粉。

"客户就是上帝"这一口号我们喊了很多年，喊得不管自己信不信，反正消费者是信了。在买卖过程中，有相当一部分客户在内心已经以"上帝"自居，觉得自己作为买家应当得到细致入微的服务，销售人员即便不认可自己的观点，也不能直白地反驳，否则便觉得没面子，下不来台，如此，产品再好再便宜，自己再喜欢也不会购买。这种情况对于销售人员来说是非常不利的。

所以，销售员一定要领会"请教"二字，有时候它会成为客户愿意成交的理由之一。所谓请教，就是请求人指教，是一种敬意，而客户要的就是这种敬意。因此，不管客户的观点我们是否认可，都不要急于否定，用请教的方式让其讲出来，客户就会觉得自己的价值得到了体现。

每一位客户都希望得到销售人员的重视，有些客户生活中处处听从他人的指导安排，好不容易得到"上帝"的权力，自然要好好表现一番。一个有悟性的销售员，会抓住客户这一需求，很快将自己和客户变成同道中人，客户对销售员的信任也会无以复加。在“请教”客户时，有这样几点需要注意：

第一，认真听。固执的客户最需要的是一个忠实的听众，为此，销售员不要轻易打断客户的话，因为打断客户的讲话意味着你对客户的观点不认可，表明你已经没有耐心。如果不得已要打断对方，要仔细观察对方的反应，在对方表述完某个观点、某句话之后打断，或者需要对方深入澄清时也可以打断。

第二，认真跟。即跟着对方的思路分析。通常情况下，一个人听话的速度是讲话人速度的 4 倍，也就是说，一个人的话还没有说完，听者已经明白了他的意思。即使如此，也要跟着客户的思路分析，这样我们才能明白客户所要表达的真正观点，避免出现误解。

第三，巧迎合。“请教”意思的传递可以体现在很多方面，比如迎合对方的观点，也是一种请教的体现，如“嗯，的确是这样”“没错，你说的很对”“我明白，很有意思”等，一方面表明你在认真听对方的讲话，另一方面巧妙放低了身段，给客户一定的尊重和认可。

第四，做总结。为了理解客户的观点，同时让客户觉得我们在认真“请教”，销售员可以将客户的观点进行总结概括，而后确认。这是销售沟通中很重要的一点，不仅体现了你在认真听客户的话，同时也可以澄清你与客户观点上的误解。

如同以上案例中的第一个销售员，销售员认为进口奶粉要比国产奶粉质量好，事实上李中也是这样认为的，只是觉得某些国产品牌也是不错的。因为盲目地争辩，两人的观点对立起来，其实这就是一种沟通的误解。

总之，销售员要明白，在与客户沟通中，要多向客户请教，这不仅不会给我们带来任何损失，反而会赢得客户的好感，提升自己的人格魅力，有助于最后的成交。

客户沉默不语时，营造环境引导客户

“请问您需要哪一款呢？”

“这是我们的爆款，性价比很高……”

“这是昨天刚到的货，也是今年的新品，品质……”

“您是家用还是商用呢？”

……

无论销售人员怎么说，客户就是不正面回应，只是用一些“哦”“嗯”之类的语气词应对，让销售员如丈二和尚摸不着头脑。

我相信，每一个销售员都遇到过类似的客户，不管你怎么说，成交理由如何充分，他们唯一的表现就是沉默，独自一个人审视着产品。对此，作为销售员，如果放弃沟通选择离开，担心这是一个潜在客户，舍不得，而且对客户也是一种不尊重；选择继续沟通，因为对方的沉默，似乎又没有什么意义，那么，我们该怎样应对这类让人头痛的客户呢？我们先来分享一个案例。

“海归”男孩小张，高学历，工作、收入都不错，当然也是高年龄，已经过了而立之年，还没有女朋友。母亲非常着急，到处带着他去相亲，而小张对相亲非常反感，但又不得不跟着母亲去。为此，每次和女方见面的时候，他都故意沉默不说话，相亲氛围弄得很僵，好几次大家都很尴尬，双方都下不了台。

这天，母亲像往常一样带着他去见一个女孩，女方条件和自己相当，漂亮，本科学历，在一家事业单位上班，工作稳定，待遇也不错。而小张依然像往常一样沉默不语，希望快点结束。不管是小张的外貌还是工作，都得到了女方母亲的认可，把他当成了心目中的女婿。

对于小张的沉默原因，女方母亲通过之前的了解已经看穿。在沉默中，女方母亲说：“小张啊，你今天是不是嗓子不太舒服啊，坐了这么久你也不说话，我是挺喜欢你的，不过你今天状态也不好，要不我们改天再约吧？”

就这样，相亲结束了，小张觉得这次和以往一样，会不了了之。可是，一个星期后，女方母亲一个人来到他们家，见面便说：“小张你在啊，我今天在附近办事，顺便买了一件毛衣给你，天气转凉，要注意身体啊，嗓子好点没有啊？”

小张连忙婉拒，此时女方母亲已经起身准备离开。女方母亲走后，他看着毛衣心生愧疚。随后问了女方的地址，亲自上门退还礼物。

来到女方家，开门的正好是女儿，于是聊了起来。渐渐地，他们彼此产生了好感，最后步入了婚姻殿堂。

从这个案例中我们可以想到什么呢？

首先，销售员第一次与客户见面，由于彼此不熟悉，客户表现出沉默是一种很正常的现象。

其次，打破沉默需要销售员引导及营造相应的环境。比如，案例中女方父母面对小张的沉默，主动为小张找了一个沉默的理由，而后通过送礼物加强彼此之间的联系。在销售中，我们也可以采用这种方法。找一个与客户下次沟通的理由，慢慢地与客户熟悉了，客户的沉默自然会消失。

分析客户，他们之所以沉默不语，通常出于两种情况：一是习惯性沉默。客户性格内向，不善言谈，甚至怯于与别人交谈。这类人不仅仅是与销售人员沟通时沉默不语，话不多，在其他场合与不熟悉的人沟通时，也是这种表现。二是外在因素造成的刻意沉默。比如，客户在与销售员沟通前遭遇了不开心的事情，不想说话；销售员对客户的拜访有些唐突，客户不开心；客户想用沉默来体现沟通中的优势地位，等等。

不管客户为什么沉默，我们可以用两种方法应对：

第一，语言引导。

1．探讨客户感兴趣的话题。如果在与客户见面之前，我们已经对客户从侧面进行了了解，那么，此时我们不妨说一些让客户感兴趣的话题，引导客户开口。

比如客户喜欢踢足球，可探讨关于世界杯的话题；客户喜欢听某歌星的音乐，聊一些关于某歌星的八卦新闻等，都会在一定程度上激发客户开口的欲望。

2．问客户问题。诱导询问对性格内向的客户较为有效，因为他们的沉默是性格使然，不是刻意为之。可通过不断地询问对方让其开口，比如“您觉得怎么样？”“价格很便宜，买一个吧？”“您喜欢哪种颜色呢？”只要对方开口，就可以根据对方的回答准备相应的对策。需要注意的是，销售员在提问的时候尽量采用一些开放式的问题，这样可以让客户自由地回答。

第二，行为引导。

1．演示引导法。据有关心理研究表明，人在感受外部信息的时候，87% 都是通过眼睛接收的，只有 13% 通过其他感官接收。所以，面对客户的沉默，销售员可通过演示让客户更好地感受到产品的特性，刺激客户的购买欲望。

前面我讲到这样一个案例：一个卖锅的商贩，不吆喝不介绍，把锅放在地上自己站上去踩一踩，表演给围观者看，就能够引得众人纷纷购买。对于沉默型客户来说，他们虽然话不多，但分辨好坏的能力是有的，只要销售员能够将客户关注的信息演示证明给他们看，就能够让其开口询问，甚至在沉默中成交。

需要注意的是，销售员在演示的过程中尽量让客户参与其中，让客户亲身体验，对客户更具说服力，也更有助于打破客户的沉默。

2. 沉默对沉默。所谓沉默对沉默，是指销售员在结束所有接待、介绍等流程或者问完客户问题后，也保持沉默，等待客户开口。如果客户开口，销售员只需应对即可，如果客户不开口，场面就会显得很尴尬，客户自然会走掉。其实，这是一种心理博弈，等待的时间越长，气氛就越尴尬，客户要么开口，要么走人。如同一场赌局，比的是谁的心理承受能力强。

所以，采用这种方式应对客户的沉默实为下策，不是迫不得已，最好不用。

客户关闭沟通大门时，分手也要做朋友

在销售行业，通常销售成功率都在 20% 左右，也就是说，销售员拜访接待 10 个客户，只有 2 个能成交，而且这是非常乐观的统计。如果销售成功率平均能达到 50%，那么这个销售员就已经非常厉害了。所以，在销售过程中，销售员大多时候面对的是客户的拒绝。那么，我们该如何应对这些拒绝成交的客户呢？

有些销售员，在客户拒绝且没有成交的希望后，便会黑着脸对客户爱搭不理，如果客户购买了竞品，甚至会对客户心生怨恨；有些销售员一听客户今天不购买，只是过来看看，便冷言冷语，甚至讽刺客户。可以肯定的是，这类客户的成交概率一定还不足 10%。

换位思考，作为一名消费者，以上情况相信很多人都遇到过，在与销售员沟通后，当你对销售员说“我再看看，一会儿过来”时，销售员的态度是不是出现了 180 度的大转弯？当你说“我觉得这个不合适，谢谢”，然后转身离去时，销售员是不是用轻视的眼神看了你一眼？我相信大多数人的回答是“是”。作为消费者，此时我们的想法一定是像躲避灾难一样快速离开，甚至有些性格暴躁的消费者会直接与销售员叫板，谴责他们这种“一说不买，秒变脸”的行为。总之，遭遇如此情况，消费者是绝对不会第二次光顾的。

有人说：“不以结婚为目的的谈恋爱就是耍流氓。”我经常说，一个销售员，如果不能够站在客户的角度去销售，那么他就是在“耍流氓”。在销售过程中，被拒绝很正常，不能成交也很正常，即使这样，那些拒绝我们的客户也是宝贵的

资源，因为一时的拒绝并不等于永久的拒绝，将来还是有成交的可能。此外，俗话说：“人脉广，路才能宽。”即使他不需要，但他身边的朋友有可能会需要。只要我们与其保持良好的关系，他就是我们优质的客户资源。

宁波有一家机械重工销售公司，李浩是这家公司的一名销售人员。有一家生产钢材的企业，厂里有10台叉车，因为使用时间较长，准备更换一批新叉车。听到这个消息后，李浩第一时间与客户取得了联系，目前已经跟进了两个月。客户迟迟不签订购买合同的理由是：“上报预算后，因为近期资金流转不畅，老总没有批。”

最近，李浩听说该企业资金流转恢复正常，采购叉车的事又被重新提上日程，虽然只是在会议上进行了讨论，还没有得到最终的批示，但基本上是板上钉钉了。李浩马上再次拜访采购负责人张总。

第一次见拜访，张总说领导正在探讨，很快就会有结果，让李浩回去等。

三天之后，李浩再次拜访，张总说还要开一次会议才能确定。李浩便回去了。又过了四天，李浩再次来到张总公司，此时的张总见到李浩有些不好意思，带着歉意说：“小李，公司领导在开会探讨采购时，公司副总推荐了另外一个品牌，经过商讨，由于那家的车子相对便宜一些，所以领导最后决定采购那家的叉车，实在不好意思啊，我也是无能为力！”

听了张总的话，李浩感觉如晴天霹雳，自己跟踪了两个多月的客户，就这样被竞争对手抢走了，心里不免有些失落，亦有些气愤。但他很快冷静下来，心想：既然客户已经与对方签订了合同，说什么都无济于事，要怪只能怪自己，只能就此作罢。

李浩说：“实在是可惜，其实您也知道，我们的价格虽然贵一些，但技术质量要比某品牌好很多。现在说什么都没用了，还请您以后有客户多向我介绍介绍。”

张总说：“那是当然，这次实在不好意思。”

就这样，李浩离开了客户办公室。即便如此，此后每到过年过节李浩都会主动联系张总，礼貌问候，或是发一些祝福信息，公司给客户送的礼品他也会给张总送一些。就这样大概过了一年，张总打电话告诉李浩，说有同行需要订购叉车，自己向负责人介绍了李浩，让李浩准备好材料去接洽一下。

通过张总的介绍，李浩顺利与该客户对接，最后，该客户向李浩订购了 6 辆叉车。

有些销售员遇到李浩类似的情况，一定会大为恼火，甚至责怪埋怨客户为什么不提早跟他说，为什么出现问题不与他沟通，显得理直气壮，俨然一种客户欠自己一笔生意的态度。可想而知，最后的结果就是不欢而散，当然也就没有了后期客户介绍客户一说。

所以说，任何时候都要与客户保持良好的关系，出现问题从自己身上找，不要一味地责怪埋怨他人。有这样几点，我们需要明白：

第一，客观看待成交失败。成交失败是一件很正常的事情，如果没有失败，没有客户拒绝，这才是不正常。如果接触一个客户成交一个客户，那么每个销售员都可以成为乔·吉拉德，每个人都可以轻易地成为富翁，这显然是不现实的。为此，我们要客观理智看待客户的拒绝与成交的失败，做到这一点，我们就能客观客户，为与客户保持良好的关系而打下基础。

第二，与未成交客户保持联系。俗话说："有奶就是娘。"这句话在销售行业体现得淋漓尽致，谁与我签订单谁就是上帝，谁采购数量大谁就是"父母"，这一点没错，维护好与客户的关系是让客户复购的关键。但是，切不可为了挖掘新客户、维护潜在客户而忘记了那些没有成交的客户。

有些销售员一听对方买了其他品牌，成交失败，便会迅速地将此客户从回访表中删除，以后永无联系。这是错误的做法。对于那些交易失败的客户，不能说要像未成交客户那样紧密联系，最起码要时不时地给客户发个信息，打个电话。这一方面可以让你的印象时刻浮现在客户脑海中，能够继续维持与客户之前的良好关系；另一方面，让客户知道你还在从事销售工作，客户身边朋友有需求时会第一时间想到你。

第七章

很多交易失败，都是因为走进了沟通误区

不要为了找理由而找“理由”

有人说：“前进的理由只要一个，后退的理由却要一百个。许多人整天找一百个理由证明他不是懦夫，却从不用一个理由证明他是勇士。”在销售中，说服他人需要理由，但这个理由一定不能是你为了找理由而找的“理由”。

我们知道，一个谎言往往需要无数个谎言去掩盖，但最终，谎言必定会大白于天下。同样，说服客户需要理由，但如果这个理由很牵强，即使我们能言善辩，也很难说服客户与我们成交。

那么，牵强的成交理由是如何出现的呢？

万历四十四年（1616 年），努尔哈赤在赫图阿拉称汗，自称金国汗，定国号为金，年号为天命。

很长一段时间，他都在稳固自己，从来没有公开与大明为敌。可是，现实是残酷的，这是一个贫穷的国家，仅仅依靠放马牧羊是难以填饱肚子的。当时，他们解决吃饭问题的主要方法就是与明朝交换物品，用马匹等与明朝交换自己需要的东西。然而，努尔哈赤认为大明是一个小气的国家，不但做生意没有诚意，而且在很长一段时间都不承认自己汉王的地位，为此，他又萌生了宣战的想法。

和我们做销售一样，宣战也需要一个理由，否则，就会名不正言不顺，让他人笑话，有损自己的形象。如同抗日战争时期“卢沟桥”事变一样，理由只不过是一个借口，是荒唐可笑的。努尔哈赤不但找到了理由，而且还找了 7 个，历史上称之为 7 大恨，分别是：

理由 1：“我祖宗与南朝看边进贡，忠顺已久，忽将我二祖无罪加诛，恨一。”意思是说他爸爸、爷爷是忠诚的，却将他们无罪加害。

理由 2：“我与北关，同是外藩，事一处异。恨二。”意思是说大明对待他和北关有差异，不公平，厚彼薄此。

理由 3：“汉人私出挖参，遵约伤毁，勒要十夷偿命，恨三。”意思是说明朝违反双方划定的范围，强令努尔哈赤抵偿所杀越境人命。

理由 4：“北关与我，同是属夷，卫彼拒我，畸轻畸重，恨四。”意思是说明朝派兵保卫叶赫，抗拒建州。

理由 5：“北关老女，改嫁西虏，恨五。”意思是说你答应我的事情没做到，给我戴了“绿帽子”。

理由 6：“逼令退地，田禾丢弃，恨六。”意思是说女真人强占了柴河、三岔、抚安等多处大明朝所属的土地，明朝却放纵宽大，实际上是在逼迫自己。

理由 7：“萧伯芝大作威福，百般凌辱，恨七。”意思是说昔年的“辽阳无赖”萧伯芝（子玉）做了明朝的特使，在他的地盘上作威作福。

这七大理由总体来看，有些是历史原因造成的，有些事情并不是什么大事，尤其是“北关老女，改嫁西虏”这一理由，对努尔哈赤来说并不是什么大不了的事情，而他将这事情作为反明的理由，的确很牵强。在世人看来，这就是一个想达到某种目的找不到理由而刻意找的“理由”，显然，这样的理由是难以说服大众的。

很多事情我们都是因为有了理由之后才去做，这是一个正常的逻辑思维。而努尔哈赤是因为想去做，而后找理由，这种行为便有悖于正常的做事逻辑，且找到的理由必然牵强附会，这也是牵强理由出现的主要原因。

在销售中，我们要说服客户，让成交理由更具说服力，当然不能出现类似这样牵强的理由，这样的理由不但无法说服客户，还会让客户感觉我们虚伪。

小张和小王两位销售员初入职场，在同一家公司做销售，都没有什么销售经验，但他们的做事方式却大不相同。

这天，主管分配给他们两个有待开发的潜在客户，并告诉他们，谁先成交谁就能获得去总公司培训的机会。

小张拿到客户信息后，为了尽快成交，二话没说赶往客户的公司，见到客户简单寒暄之后，说道："我们相信您一定是一个注重产品质量的人，我们公司的产品质量绝对数一数二，不知道您现在是怎么考虑的。"

客户说："其实我对产品质量……"

客户话没说完，小张急忙说："我知道，产品质量是一方面，技术含量才是最重要的，我们的技术水平……"

听完小张的介绍，客户不紧不慢地说："你误会我的意思了，像这类产品质量、技术已经很成熟，都差不多。这样吧，改天再聊吧，我今天有点事。"

就这样，客户下了逐客令，离开了办公室。

小王在拿到客户信息后并没有着急拜访客户，也没有电话联系客户，而是坐在电脑前浏览该客户的相关信息，诸如出席活动、在活动中的讲话及访谈记录等，还打电话给老同事询问该客户的兴趣爱好等。

通过总结分析，小王得知该客户是一个非常严谨的人，比较注重细节，曾经因售后问题与某销售员发生过不愉快，所以小王认为，该客户对产品的售后问题应该非常在意。

随后，他拜访了该客户，见到客户，寒暄一会儿便进入主题。小王先简单介绍了一下产品，而后说："我着重给您介绍一下我们的售后服务吧，我们售后服务系统……"

客户听完小王详细的介绍后，满意地说："嗯，你们的售后很完善，这点不错，不像之前那家公司……"

随后，客户主动询问了产品质量、技术、价格等问题，最终顺利成交。

从结果看，小王成功了，获得了培训的机会。小王成功的主要原因是他阐述的成交理由激发了客户的兴趣，甚至最后变成了客户问小王回答的模式。而小张之所以没能说服客户，是因为他阐述的成交理由客户不感兴趣或者并不是很重视，深一层的原因是对客户不了解，盲目拜访客户，自以为是地，为了找理由而找"理由"，导致客户产生了厌烦情绪。

举一个简单的例子。生活中，你与一个不熟悉的人聊天，对方提了一个话题，但你不是很懂，便随意应付着。而对方感觉出你是在应付，为了避免尴尬，对方又换了一个话题，但你还是不太懂，只能随意应付。如此反复，你的感觉是什么？你可能会觉得对方在有意与你拉近关系，从而心生戒备；也可能会猜测对方是不是在套我的话。总之，此时的聊天一定是尴尬的，是让你不痛快的。

销售中，为了找成交理由而找的“理由”对于客户来说就是这种感觉，尴尬、不痛快、心生戒备。如此成交就会很难。

所以，为了避免一些牵强“理由”的出现，提升成交率，销售员需要把握这样几点：

第一，销售从了解客户开始。成交需要理由，但这个理由必须从了解客户开始，只有了解了客户，我们才能知道哪些理由对客户来说是有效的，哪些理由是无效的。切记，不可主观地认为某些理由就是能够说服客户的最好理由。比如，你推销的产品全国销量第一，从市场的角度讲，在一定程度上可以证明客户对你推销产品的认可，但对于客户个人来说，可能并不是最好的成交理由，因为他的侧重点可能是其他方面。

第二，成交理由与客户的利益深度挂钩。从案例中努尔哈赤列举出的 7 大恨与反明朝这件事来看，似乎不成正比。小张向客户阐述的成交理由，并不是客户特别在意的，所以，客户对小张所阐述的理由也不会重视。只有理由与客户的利益深度挂钩，才会起到积极作用，且成交理由与客户利益联系越紧密，效果就越好。为了找理由而找到的“理由”显然没有这种效果。

忽视内核，理由成了形式

销售的目的是什么？将产品卖给客户。

如何才能让客户购买产品？客户感受到有需求。

如何才能让客户感受到有需求？双方沟通。

也就是说，销售，其实就是一个沟通的过程。

有些销售人员，面对客户，将一大推成交理由逐条讲给客户听，如“您看我的质量……您再看看我的技术……您看我们的服务也是……我们还获得了某某奖项……”说了一大推，客户却丝毫不为所动；有些销售员，反复阐述一个客户重视的成交理由，如“我们的产品没得说，您最关注的质量是我们……在国际上……还获得过……材质采用的是……”尽管介绍得非常详细，但客户依然不为所动。其原因就是彼此缺乏沟通，把成交理由看成了销售的重点而忽视了沟通。

这类销售员只注重自己单方面的结论而不是双方沟通，销售的重点在于与客户之间的沟通，而非给客户结论，单方面的阐述成交理由。这是销售的内核。

销售员：“刘总您好，我们是做网络推广点击不扣费的，上次了解到咱们网络推广这一块比较薄弱，我带来了一个方案，给您看看吧。”

客户：“好。”

销售员：“这个方案是针对咱们这个行业定制的，主要分三部分，软文嵌入式推广、关键词搜索点击不扣费推广和新闻弹窗式推广。我们平台现在有两亿用户，每天活跃的客户在一亿左右，如果使用我们这个方案推广，定能提升您公司的业绩，同时品牌知名度也会得到极大的提升。”

客户：“嗯，你们这种模式我们以前做过，但效果不怎么样。”

销售员：“哦，是这样啊。除了这个方案上所说的之外，我们最近还在做一个万里行的活动，不仅会在线上做推广，还会在全国多个城市进行线下互动，客户人群也非常有针对性，大多都是一些有需求的潜在客户。”

客户：“这么说也不错，但是价格太贵了，我们这种小企业估计难以接受。”

销售员：“刘总您听我说，价格一点都不贵，有高投入才会有高收入嘛！再说，我们平台的用户数量还是非常大的。”

客户：“嗯，这点我知道，你们平台的用户的确是挺大的，影响力也不错，但一直找不到好的结合点，我们也不能盲目地去做，否则老板那里也不好说对吧。”

销售员：“嗯，这倒也是。”

客户：“要不这样，你们公司再有合适的方案你及时联系我。”

销售员：“好的，那我们随后联系。”

这样的销售情景是不是很熟悉呢？而当前，大多数销售员每天都在重复着类似的场景。这个销售方式是有问题的，问题在哪里呢？

在整个销售沟通中，销售员始终在推荐自己产品的优势及诉说自己的结论，如平台用户量、方案优势、价格不贵等，虽然其间客户说出了自己的观点，但销售员并没有与客户深入地沟通探讨。对于客户来说，这种结论式的诉说自然提不起他的兴趣，也就没有了成交的欲望。

士兵在射击的时候，都是先瞄准，然后再开枪，这样才能击中目标，也就是说，射击的关键是瞄准。销售同样如此，沟通就是一个瞄准的过程，不沟通就难以了解客户的需求，也就难以击中目标。不要觉得只要全面介绍完自己的成交理由客户就会动心。事实证明，这种忽视销售内核的销售方式最让客户反感。

举一个例子。炎热的夏天，你走在大街上非常渴，然后有一个销售员走过来向你推销面包，说自家的面包如何好，面粉如何精选，烘烤工艺如何先进，面包口感多么细腻，营养多么丰富。然后，你告诉对方你不需要面包。接着，销售员开始向你推销店里的另一款产品——披萨，告诉你他家的披萨如何酥软，食材多么新鲜且品种丰富等，这时你的想法是什么？肯定想把对方一脚踢开。

所以说，沟通才是销售的内核。再回到网络推广这个案例，如果销售员能够换一种方式，效果必然不一样。例如：

客户："嗯，你们这种模式我们以前做过，但效果不怎么样。"

这时销售员不要着急继续阐述下一个成交理由，而是以聊天的方式询问客户"为什么效果不好？""主要体现在哪方面呢"等。这样，销售员就与客户进入了良好的沟通模式，能够进一步明确客户的需求。

客户："这么说也不错，但是价格太贵了，我们这种小企业估计难以接受。"

同样，这个时候销售员不要反驳客户，而是问客户能够接受的价格范围是多少，也就知道了客户的预算。

在这种销售沟通过程中，其实我们不必将所有的成交理由都讲给客户听，只需要两三个成交理由就能够说服客户，达到成交的目的。

销售中有两类极端销售员，一类是沉默寡言，不知道说什么好；另一类是滔滔不绝，恨不得把自己倒背如流的产品信息全部讲给客户听，似乎说得越多，其中促成客户成交的理由也越多，客户成交的概率也越大。事实是，通常这两类销售员的成交率都不会很高，因为他们的销售方式关闭了与客户沟通的大门。这样的销售缺乏另一方的参与，成为销售员的"独角戏"。

当然，并不是说在整个销售流程中都不能自我阐述，比如对方需要你阐述方案或技术要点的时候，要求对你产品进行详细介绍的时候，自我表述要相对多一些。

正确的销售方式通常是从聊天沟通开始，然后慢慢切入主题，循序渐进阐述成交理由，对于一些成交理由，最好不是由我们主动讲出来，而是在沟通过程中，通过引导客户激发客户的兴趣和好奇心，自然地讲给客户听，或是客户主动提问，自己以作答的方式讲给客户听。这样，一方面说明我们抓住了销售的内核——与客户一直在沟通；另一方面，可以让成交理由变得不那么唐突，更有利于客户接受。

客户尊严被侵犯，理由就不重要了

销售是一份非常锻炼人的工作，优秀的销售人员需要：吃得了苦，斗了勇，使得了计谋，动得了真诚，这是一个优秀销售员的基本技能。但是，为了达到以上要求，由于缺乏经验，一些销售员会触犯客户的尊严，此时，理由便会碎一地。

我有一个做畜牧饲料的朋友，平时和他联系很少，但关系一直不错，偶尔会见一次面聊聊。有一次，他来郑州拜访一位客户，而这位客户恰巧我也认识，关系还不错，于是我做东，请他们吃饭。

我点了酒，因为都是朋友，大家喝得很开心，几杯酒下肚后，我的这位朋友进入了状态，开始大谈特谈他们的产品如何好，销量如何高。因为另一位虽然是我的朋友，但也是他拜访的客户，所以我不便多说话，他的客户也是点头不语。

又喝了几杯酒后，我这位朋友开始夸夸其谈：“我们的产品这么好，销量这么高，价格也不高，不用的人才是傻子。”

一听这话，我顿感大事不妙，刻意看了看另一位朋友，也就是他的客户，只见他脸上露出了不悦的表情，随后氛围变得异常尴尬，没过一会儿，朋友的客户便说有事要先行离开，这场酒局便也提前散场了。回去之后，朋友便给他的客户打电话，想要维系一下关系，但电话却一直处于无人接听的状态。

显然，我这位做饲料的朋友侵犯了客户的尊严。我想，可能因为有我人在场，这位客户，即便不悦，也选择了隐忍（否则一定会爆发）。虽然嘴上没有说什么，但其心里已经不打算再给做饲料这位朋友机会了。

难怪人们常说喝酒误事，谈正事的时候尽量少喝酒，酒能助兴，亦能扫兴，全看饮酒者的酒量与酒品，如果没有万全的把握，就不要轻易与客户在酒桌上谈生意，否则，几杯酒下肚，自己管不住自己的嘴，到头来，捶胸顿足也无济于事。

不论是说话还是做事，一定要顾及客户的尊严，这是最重要的。因为每个人都有自己的价值判断标准，即使有时候会做出失误的决策或者说出错误的观点，也没有必要当场指出来，尤其是在公众场合，只会让客户感到没有面子。此后，不管你的成交理由多么充分，相信他也会置之不理。

所以，在向客户阐述成交理由的过程中，要找到合适的表达方式及环境，否则，我们说的越多，把客户推得越远。

通常，销售员在阐述成交理由的过程中侵犯客户尊严，主要体现在以下几个方面：

第一，无礼的质问。作为销售员，不管我们说出什么样的成交理由，说了多少，说得多么坚定，客户都有推辞或拒绝成交的时候，这是一种正常现象。然而，有些销售员似乎并不这样想，一听到客户提出异议或者拒绝，便会向审讯犯人一样逼问客户“你为什么不买呢？”“你想多少钱买？”“不买你早说啊，白给你介绍了半天”等。我们知道，人各有所需，各有所想，俗话说“强扭的瓜不甜”，这样咄咄逼人的质问，必然会使客户产生反感情绪，即使客户有过段时间再购买的打算，也会立即打消这个念头。

对于销售员来说，这是一种不懂礼貌的表现，更是不尊重客户的反映，良好的沟通是在尊重客户思想及观点的情况下进行的。

第二，冷淡的态度。当企业把“客户就是上帝”这个口号喊出来的时候，有相当一部分客户已经把自己当成了“上帝”。在沟通态度上，销售人员稍不注意，就会诱发客户的不满，也许只是销售人员一个不经意的动作或语言，但在有些客户看来，这就是对自己的不尊敬。

有一次，我去一家五金店买东西，店主埋头在货架下找我需要的东西，这时一名客户走进了店，问道：“老板，有没有门把手啊？”由于老板没有听见，所以没有回应他。他接着大声喊：“老板，老板在不在？”

这次，老板听见了，忙抬起头说：“在在在。”

客户有点生气地说："叫你半天了，以为没人呢。"

老板有点不耐烦地说："这不在给他找东西嘛，你稍等会儿。"

这时，这位客户有点不高兴了，翻了一个白眼，然后转身离开了。

老板的意思是他给我找完东西再接待他，这也很正常，只是当时着急，所以态度有些冷淡，从而让客户感受到不尊重，继而转身离开。

俗话说："感人心者，莫先乎情。"所以，销售员在与客户沟通的过程中，态度要热情，语言要真诚，让客户参与其中，同时流露出真情实感，从而引发对方的情感共鸣。

第三，当面批评指责。没有人愿意听到他人对自己的批评指责，即使在生活中、工作中，长辈、领导对我们的批评指责，我们当下也会有一些介怀。在销售中，对于客户来说，这种介怀自然会更加强烈。但是在销售沟通中，有些销售人员依然会这样做，当发现客户或与客户一起的人的缺点时，就会大声指责批评，让客户尊严全无。

有一位妇女带着3岁的儿子去购物，在一家服装店，销售员与该妇女沟通时，孩子出于好玩的天性，拿起地上的硬纸板抛向房顶，销售员看到后，生气地对小孩说："哎呀！这个不能扔。"一边去捡硬纸板，一边又对小孩说："不许扔了哦，听见没有？"尽管语气稍有缓和，但孩子似乎已经被吓到，赶忙躲在母亲的身后，不敢再看销售员。母亲脸上顿时也露出了不悦的表情，随即离开了服装店。

显然，因为销售员当众批评客户的孩子，伤害了客户的尊严。如果当时销售员换一种说法，例如，"小朋友，东西是不能乱扔的哦！""小心不要砸到自己哦"，这样既可以让客户关注到自己的孩子正在做错事，也可以表现出自己对孩子的关心。这个时候，客户大多会主动上前制止孩子，教育孩子，这样既达到了目的，客户的尊严也不会受影响。

所以，如果客户有做得有不对的地方，不要当面批评及指责，这样解决不了任何问题，只会侵犯他的尊严。如果非说不可，不如换一种说法，引导客户自己去认识，让客户自己去感受。

第四，争辩。我一直认为，在销售中，与客户争辩是一件很愚蠢的事情，因为谁对谁错，最后谁辩赢了谁，对于客户来说，大多时候都不会买账。如果客户输了，客户会觉得很没面子，自然不会与销售员成交；如果客户赢了，他会觉得你太较真，不好相处，可能也会放弃与销售员成交。

即使客户对我们的产品有误解，销售员也不要急于争辩，首先应该站在客户的角度去想：客户为什么会这样认为？而后以引导的方式，用事实证明给客户看，让客户去体验，而不是一味地争辩。

你以为的“能说会道”，其实拖累了你

有一位女士，40岁左右，能言善辩。与其吵架，对方会被她骂得狗血淋头；与其争辩，对方会被她问得哑口无言；与其讲道理，她总有一百种道理等着应付对方。家人及周边的人都说她“能说会道”“嘴皮子太快”。那么，在销售中，这种“能说会道”是否有助于成交呢？

生活中，我们说一个人“能说会道”时，通常是形容这个人口才好，不管是陌生人还是熟悉的人，讲话滔滔不绝，头头是道。很多人觉得这样的人最适合做销售，其实不然。有些时候，正是因为他们的“能说会道”拖累了他们的销售业绩。首先，我们来分析一下这类人的显著特点。

说话滔滔不绝。这是这类人最为显著的特点，一开口便没完没了，唾沫横飞，只管自己一吐为快，全然不顾对方的反应。结果是始终自己在唱“独角戏”，客户没有说话的机会，让客户心生厌烦。我在前文中讲过，销售是一个与客户沟通的过程，在这种情况下，客户说话的机会少了，成交率就会骤然下降。

此外，随着人们理性消费观念的提升以及看人、识人经验的丰富，总会觉得那些能说会道、夸夸其谈的人给人以不务实、圆滑的感觉，所以，大多数人都不愿意与这类人深交。这种情况下，作为销售员，即使我们再能说，成交理由再充分，都难以赢得客户的心，反而会给成交造成一定的障碍。

说话头头是道。这也是能说会道之人的一个明显特征，不管什么话题、什么道理，他都能够说出一个子丑寅卯。在社交中，这类人往往有很好的人缘，很多人都喜欢与其交流。但是在销售过程中，客户对这类销售人员总会抱有一种警惕

的心态。因为在社会中，总会出现各种各样的骗局，销售陷阱等，而那些施骗者往往说起话来都头头是道，比如电子诈骗、非法传销等，骗子说起话来句句是套路，讲课的老师在大谈“发财论”时说得头头是道。所以，人们对这类骗局即便没有经历，但听得多了，新闻上见得多了，心里便对那些说话头头是道的人更容易产生警惕心理，生怕一不小心就掉入了对方设好的话术陷阱中。相反，那些不怎么会说话，嘴笨，但看起来“憨厚老实”的人更能赢得客户的真心。

我在广州一家公司做培训的时候，该公司招了两个新业务员，一个叫张倩，一个叫李一。张倩性格沉稳，平时不怎么说话，有时候我与她聊天，她还会觉得有些不好意思。李一恰好相反，平时话很多，不管是陌生人还是熟悉的人，她似乎有说不完的话，且滔滔不绝，头头是道，口才了得，我与她聊天时，总是她说的多，而我说的少。

对于这两个人，很多人觉得李一更优秀，张倩不适合做销售，因为她的性格太斯文，不爱说话，领导还叮嘱张倩要向李一学习。而我们知道，一个人的性格在短时间内是难以改变的。

对新人进行入职培训之后，我继续讲其他课程，她们也上岗工作了。一个月后，她们的主管给我打电话，说本月李一的业绩还不到张倩的一半，觉得疑惑，不知道咋回事。对于这样的结果，李一也很不服气，怀疑张倩的业绩好是因为她负责的区域好，潜在客户多。我说，既然这样，不如下个月给她们调换一下销售区域，看看是不是这么回事。

到了第二个月月底，张倩的业绩依然高于李一，虽然不像上个月那样高得离谱，但也高出了三分一。这是什么原因呢？

张倩和李一的主管很不理解，公司很多同事也百思不得其解，难道是张倩有关系？在这个城市有人脉？从简历上看两人都刚刚大学毕业，从另一个城市刚到广州，也没有什么人脉关系。显然，这种推测是不成立的，但是，按照主管及大多数同事的思维，李一能说会道，张倩斯文，李一应该比张倩的业绩好才对，结果却与他们想的正好相反。

该主管再次打电话向我询问原因，其实当时我也不知道是怎么回事，正好他们公司还有一场培训，就在这几天，我说不如等我去了具体再说吧。

为了搞清楚原因，培训结束后，我分别跟踪观察了她们一天的工作，两天之后，我终于明白了其中的原因：正是因为李一太能说会道，才导致了她的业绩不好。

其实，很多人认为的李一能说会道，并不是真正的口才好，只是因为她性格开朗，话比较多而已。比如，那天早上，李一在与客户沟通时，客户提出了一个关于产品售后的异议，她连续道出了一大推说服理由，而且说话时咄咄逼人，令客户哑口无言，显得格外聪明，客户顿时失去了兴致，心里很是不爽，最后没有成交。

张倩虽然话不多，比较斯文憨厚，但从客户的眼睛里可以看出对她的信任。比如，张倩在与客户沟通的时候，除了介绍产品外很少说话，大多时候都是在与客户互动交流，甚至很多时候都是客户侃侃而谈，高谈论阔，最后都能成交。

这就是张倩与李一业绩不同的主要原因。张倩的话少，给了客户踏实稳重的感觉；李一的能说会道，给了客户轻浮不踏实的感觉。感觉不同，成交效果自然不同。

其实，不仅销售行业如此，平时在生活中也是如此。比如，我老婆有一个闺密，人长得漂亮，在银行上班，但还没有结婚。应我老婆指示，给其介绍男友。介绍了几位都没有成，问其原因，她说："那几位条件虽然不错，也都能说会道，可就是太能说了，所以感觉他们油嘴滑舌的，不够沉稳，所以我不太喜欢。"

在涉及个人利益的时候，能说会道的人并不一定占优势。相信每个人都有这样的感觉：有些人看起来能说会道，理论一套一套，但真正做起事来却让人大失所望。而有些人虽然话不多，但做起事来勤勤恳恳，踏踏实实。所以说，销售工作，话不在多，而在于精，一个懂得做销售的人，他说的话一定是恰到好处的。他明白，什么时候该说什么话，该说的时候说，不该说的时候绝不会说。一个优秀的销售员，并不是以谁能说会道来衡量。相反，很多人认为的能说会道，对自己来说其实是一种拖累。

销售沟通，扔掉那些老“套路”吧

现在的人，做事喜欢讲“套路”，而且盛行于各个行业，大有一种“无套路，不成事”的风向。自然，销售中也需要一些“套路”。但随着社会的发展，“套路”也在进化，以适应变化的世界。然而，有些销售员依然拿着陈旧的“套路”去应对客户，时常显得不合时宜。

“套路”一词，盛行于网络，意指精心策划的一套计划。通常指的是一个人不简单，会算计，老练有经验，做事有条有理，是一种做事有逻辑的表现。比如，四个人斗地主，其中一个人说：“你不按照套路出牌。”意思是说他没有按照打牌的逻辑习惯出牌，让人意想不到。在不同的场合这个词的意思也会不同，比如女孩和男孩约会，女孩问男孩：“你会套路我吗？”这里的套路是一种贬义词，有忽悠之意。

在销售中，我们所说的套路是一种销售方法，与客户沟通的技巧。通过这种套路来达到成交的目的。但如开头所说，有些“套路”已经不合时宜，继续使用只会让客户反感乃至看笑话，反而会影响销售的进程，得不偿失。

那么，有哪些销售老“套路”是不合时宜的呢？

第一，承诺之后无兑现或兑现很少。那是2000年前后的时候，我在一家广告公司担任业务经理，手下有一名销售员小王，业绩一直很突出，每个月业绩排名都在前三之内，为此我非常喜欢他，也认为他是一名优秀的销售员，并打算抽出一些时间，让他去给其他业绩较差的销售人员做培训。直到有一天，我接到了某客户对他的投诉。

这一天，一名40岁左右的男性客户。气冲冲地走进我的办公室，说道："你是小王的主管？"

我说："是的，您有什么事吗？"

客户说："我要投诉小王。"

一听有人要投诉我心目中最优秀的销售员，顿时有些发蒙，赶紧请他坐下，给其倒水，详细询问情况。

原来，小王在与该客户洽谈的时候，广告费是5500元，小王承诺送他一套价值500元的茶具，随后客户签订了合同。但小王一直没有送，客户打电话给小王，小王却一直推托，最后只送了他一个茶壶和几只茶杯，市场价不到80元，所以客户生气了，找到了我这里。

听完之后我也觉得很奇怪，公司没有给客户送礼物的政策，小王为什么要这样做呢？随后我问了小王，确有其事。问其原因，小王说："当时客户犹豫不决，为了让其签合同，所以我告诉他，有机会送他一套价值500元的茶具。"

我问:"首先,公司没有这样的政策,既然你承诺客户送就要自己掏腰包;其次，既然答应客户要送一套价值500元的茶具，为什么客户说市场价80元不到呢？"

小王说："原先很多成交客户我都是这样做的，而且有些客户事后根本不会索要，谁知这位客户这么较真。"

这件事之后我才明白，小王之所以业绩那么高，使用的就是这个虚假承诺的"套路"，之所以说是虚假承诺，是因为他兑现时达不到当时承诺的标准。那么，小王为什么要使用这个"套路"，客户又为什么会接受呢？

对于销售员小王来说，当客户犹豫不决或处于僵持阶段时，只有让步才能达到快速成交的目的。但根据公司规定，让步已经到了底线。为此，他想到了给客户送礼物的策略，客户得到某些利益承诺后，从而会快速做出成交决定。销售员通常会想，尽管给客户的承诺不可能兑现，但船到桥头自然直，完成销售目标才最重要。

对于客户来说，任何时候都想多争取一些利益，销售员的某些承诺自然会促使其做出成交决定。但是，因为每个人的性格、处事方式不同，有些客户可能会忘记当初销售员对自己的承诺，毕竟那些承诺不会写在合同上；有些客户觉得，只要给我送了就行，无所谓好坏；有些客户会很较真，会对送的东西认真评估，是否符合当初销售员的承诺，一旦不符合，客户与销售员之间就会出现矛盾。

这种销售“套路”在前几年用得比较多，销售员通常的说法是：“这样，随后我送您……”“有机会我给您……”等，如果现在还用这些“套路”，已经没有多大的效果，很多客户不会埋单，且会更加谨慎地对待。要么让你把承诺立字为据，或者写进合同；要么现场让你把承诺的东西拿出来，总之，客户会谨慎地想：“你现在这样说，以后能不能实现还不知道呢！”

就算销售员以此套路成交了，随后对承诺无兑现或者少兑现，都会给销售员及公司带来不小的麻烦，特别是在当前信息流通发达的社会，往往会得不偿失。

所以，“做承诺，兑现不够”的销售方式当前最好勿用，要么说到做到，要么就不要承诺。

第二，走“后门”，但不违规。即通过找熟人、托关系等销售方式，在当下是最为常见的销售“套路”之一。这种销售方式相对于那些通过投标、拜访客户等正常销售方式而言的确不公平。但现实与公平永远不在一个层面上，人这一情感动物往往更看重人情，就像老话常说的“吃人嘴软，拿人手短”。虽然我一直倡导公平，但只要不违法，我对这种销售方式并不反对。而且我相信，这种销售方式可能会继续沿用下去，成功率颇高。

我有一个朋友，刚刚进入某公司做销售，第一个月就成为该公司的销售冠军，原因是他和某采购商是同学。抛开同学关系，只要采购方式合法合规，对于销售员来说这也是一种资源。

但是，有些销售员将这种“走后门”的方式用偏了，最后“套住”了自己。比如，有一位客户拒绝了一名推销产品的销售员，然后这位销售员给客户的同事打电话，无果后又给客户的领导打电话，这让客户甚为恼火，最后发短信对销售员说：“无论谁打电话，我都不会采购你的产品。”

还有一些销售员给采购人员回扣。诚然，“人不为己天诛地灭”，很多采购员会就此沦陷，购买销售员的产品。但随后的问题会越来越多；如果你长期给其供货，那么就需要长期给其回扣，这一点销售人员肯定算过账，不会在意；但是，一旦这位采购员出问题，销售员就会涉嫌行贿，触犯法律，可能断送自己的前程。

当然，这些风险销售员在事前都考虑过，权衡之后觉得利大于弊，所以就去做了。这里我还是要奉劝各位，社会是进步的，而且永远都是朝着更加公正的方向发展，要想成为一名优秀的销售员，就不要用那些歪门邪道的销售套路，否则，害人害己。

沟通的秘诀不仅要说，还要倾听

英国作家萧伯纳曾说："如果你有一个苹果，我有一个苹果，彼此交换，那么每人只有一个苹果；如果你有一种思想，我有一种思想，彼此交换，每个人就有了两种甚至多于两种思想。"是的，不懂得倾听就不了解客户的思想，所有的成交理由就变成了自说自话。

人们常说，沟通是一门科学，也是一门艺术。销售中与客户沟通同样如此，由于走进了沟通的误区，客户对销售员误解、客户听不懂销售员所说的话等类似情况经常发生，最终的结果是阻碍成交。

每个人的思想都不尽相同，客户的想法观点也各有差异，与客户的沟通就是一种思想观点上的融合，找到彼此的共同点，把一些水火相对的思想观点形成对流，而不是坚持己见。在对流中再寻找共识，反复如此，客户便能最大限度地理解销售员，销售员提出的成交理由就能够让客户最大限度地接受。

豪华汽车推销员小爱这天去拜访了一位曾经咨询多次想要买车的客户。在客户的办公室里，小爱说："这款车 4.0 排量，且带有涡轮增压系统，动力方面绝对没的说。"

客户说："4.0 排量是不是非常耗油，你看我现在经济条件虽然不错，但……"

客户还没说完，小爱便打断说："不不不，这个排量也不怎么耗油，对于您来说完全没有问题，排量越大，动力越强，而且这也是豪车的一个标志，我给您举个例子，我东城区有一个客户，他……"

小爱滔滔不绝地说了 5 分钟，客户想要表达些什么，但始终没有插话的机会，客户无奈地忍受着小爱的解说。

小爱说完后，客户说：“我想说的是虽然我经济条件还不错，但我是一个勤俭节约的人，想让你告诉我 4.0 排量百公里耗油多少？”

在这个案例中，客户想知道 4.0 排量的具体耗油量。由于话说到一半被小爱打断，小爱理解的意思是客户觉得耗油量太大，有异议。为此，小爱所有的说服理由都是为了解决客户认为耗油量太大的异议，而实际上，客户并没有此异议，他只是有疑惑，想知道具体的耗油量而已。

也就是说，因为小爱没有认真倾听客户的表达，误解了客户的意思。所以，小爱随后所说的一切不能有效解决客户的问题。一方面，小爱会给客户留下不良印象；另一方面，客户会觉得小爱不专业，因此放弃购买计划。

理论上，沟通是一件很简单的事情，不过就是你问我答，你说我接。如果没有语言障碍，谁都可以做到。但在现实销售中，销售人员很容易走进沟通误区。例如：

第一，自信过度，居高临下。当一个人自信过度的时候，他会有目空一切的倾向，把自己当成专家，觉得自己就是权威，在与他人沟通中便会形成只说不听或很少倾听的习惯。在销售人员中也有这样一类人，比如遇到一些对产品一点也不了解的客户、得到领导的青睐与奖励后，就会表现出这样一种状态。

第二，迷信技巧，忽视倾听。有相当一部分销售人员认为，沟通好与不好关键在于你的沟通技巧用得好不好。这是一种错误的观念，沟通技巧主要解决的是在沟通中遇到的某些障碍，而不是决定整个沟通效果的元素。一个良好的沟通要以客户为本，以关怀客户为本，而不是以技巧为本。

有一位女士在某商场买了一双红色的高跟鞋，穿了两天后，感觉鞋面有些掉色，没有以前亮了。于是，她找到了当初卖给她鞋的那位店员说明情况。但是，没等客户说完，店员就说：“这双鞋我们卖了两年了，几万双都卖出去了，你是第一个说有问题的人。”女士听了有些生气，便和这位店员争辩起来。接着第二个店员走了过来，说道：“你先不要生气，这种价格的鞋就是这个样子。”女士听了更加生气，开始与两位店员争辩。

接着，店面经理走了出来，询问怎么回事。女士将鞋子的问题、事情的经过详细说了一遍，店面经理认真听着并不断点头，听完女士的诉说后，说道：“非常抱歉给您带来的不便。要不这样，您回去每天早上出门前用鞋油擦一遍，再穿一个星期看看，如果到时候您还觉得有些掉色，我们给您换一双新的或者退款。如何？”

女士听完经理的话，欣然答应，满意地离开了。一个星期后，这位女士并没有来这家店更换新鞋或退款。

显然，有时候任何的销售技巧都没有认真倾听有用。

第三，力求说服，强求统一。有些销售员认为，为了与客户成交，就要说服客户与自己的观点一致。其实，与客户能否成交的关键不在于是否说服客户与自己的观点保持一致，有些客户即使和销售员观点一致，认为这是一个好产品，他也不一定会购买产品；而有些客户即使和销售员观点有分歧，如果认可销售员，他依然会购买产品。所以，沟通的意义不在于说服，而在于信息互通、交流、分享，搭建情感联结。

西方有一句谚语说：“上帝给我们两只耳朵，却只给了一张嘴巴，其用意是要我们少说多听。”倾听是沟通的基础，是了解客户信息的主要渠道，更是对说者的尊重。美国前哈佛大学校长查·爱略特说过：“生意上的往来，并无所谓的秘诀，最重要的是，要专注眼前同你谈话的人，这是对那人最大的尊重。”

古希腊有一位智者叫苏格拉底，一天，有一位学生慕名而来拜师学艺，见到老师后，他滔滔不绝地介绍了自己做了多大的准备，如何有天赋，如何有学问。

苏格拉底听了之后说道:“我可以收你做我的学生，但是你要交双倍的学费。”

学生听了很疑惑，问道：“为什么？”

苏格拉底说：“因为我除了教你学问之外，还要教你如何倾听。”

听是人类沟通的一种基本技能，一个优秀的销售员，往往懂得倾听客户怎么说，而不是自己怎么说。倾听不是掩耳盗铃式的听，而是用思维听。很多销售员认为自己是善于倾听的，而事实上，他们的倾听水平只发挥了四分之一，他们认为对方说的话我听到了，但听完是否进行了分析思考呢？如同我们有眼睛，可以看书学习，但看完之后是否学到了相关知识呢？

所以，销售员在与客户沟通的过程中，除了准备好成交理由进行阐述之外，更重要的是要专心地倾听客户在说什么，只有这样，我们才会成为一个懂得销售沟通的销售员。

签约时不要忘了自己是谁

与客户洽谈到了快要签约的阶段，对于销售员来说，如同小朋友过年，是非常开心的一件事情，幸福激动会油然而生。但是，有些时候，到嘴的鸭子偏偏就不翼而飞，有些生意就是到了快要成交的阶段流失了，这是为什么呢？

美国有一名汽车销售员，在刚开始做销售的时候，有一天，一位客户找他咨询购车事宜，通过对客户需求的了解，他向客户推荐了一款非常适合的车型，价格是 10 万美元。

客户也非常喜欢销售员推荐的这款车，各方面都很满意，于是准备交定金签合同。可是，就在客户准备签字的一刹那，他却突然变卦，扬长而去。

销售员有点丈二和尚摸不着头脑，想了一下午也没想明白是怎么回事，不知道自己到底做错了什么。

一直到下班回家吃完晚饭，他百思不得其解，便给客户打了电话。

销售员：“先生您好，我是 ×× 汽车店今天下午接待您的那位销售员，我想知道，您不是很喜欢我给您介绍的那款车吗？为什么突然离开了呢？”

客户有点生气地说：“你知道现在几点了吗？”

销售员连忙抱歉地说：“实在不好意思，我知道现在已经很晚了，但是您走后我一直在想我哪里做得不对，却一直没有想明白，所以特地向您请教一下。”

客户：“真的吗？”

销售员：“真的。”

客户："好吧，那我告诉你，今天下午我准备签单的时候，告诉你我儿子考上了哈佛大学，告诉你他的成绩非常好，而且很喜欢运动，他是我的骄傲。可是你眼里只看着我手里那支笔，毫不在意地应付着我说的话，这让我觉得你太急功近利，对我并不重视，所以我放弃了在你这里购买汽车。"

听到这里，销售员想起来了。在客户答应签单的时候，他当时心情格外激动，急忙找出合同和笔，客户在签单的时候的确在跟他说一些事情，但当时他希望的是客户能够快速签单，所以眼睛激动地盯着客户手中的笔。至于客户当时所聊的家常，因为与产品无关，他的确听得心不在焉，只是以"嗯""是"回应着。

其实，销售员当时的心情我们可以理解，作为销售人员，听到对方准备付钱成交，谁不激动兴奋呢？可是，有时候，正是我们的这种兴奋与激动成了让客户拒绝的理由，从而错失订单。

女孩小白和男孩小张恋爱了，一段时间小白觉得小张就是自己的白马王子，并把意中人告诉父母。父母看女儿这么开心，想请小张来家里吃饭，见见小张。

这天，小白将小张叫到家里见父母，并一起吃饭。通过初步的沟通，小白父母对小张的外表、工作、收入、家庭等都很满意，唯一让父母不满意的是小张没有宗教信仰，而小白一家都信奉西方的基督教。为此，小白一家决定向小张灌输信奉基督教的好处，小张也对此产生了兴趣，开始研究基督教。

随后，两家商定了吉日，准备为小白和小张操办婚事。可是，就在临近吉日前一周的晚上，小白哭着跑回了家。泣不成声地对父母说："婚事取消吧。"

父母有些诧异，忙问道："为什么啊，是因为他不喜欢基督教吗？没关系啊，我们不介意的。"

小白说："不是，他非常喜欢基督教，为了对基督教有更深入的了解，他要去美国发展，所以要和我分手。"

言多必失，过犹不及，所有事情都是这个道理，话说多了，必然有失误的时候，事情做过了头，就和没做一样。在销售中，一旦客户产生兴趣，就不要再长篇大论，快速催单成交；一旦客户同意成交，就不要再说多余的话，因为这个时候，并不是你说得越多越好，反而往往因为你的话多失言使客户改变主意。

为了与客户顺利地成交，销售员需要注意以下几点：

第一，客户准备签约时，不要露出过于高兴的表情。有人可能会有这样的疑问，客户答应成交，销售员表示高兴，正如一个人遇见好事一样会高兴，很正常，客户会理解，所以并不会影响客户的决定。表示高兴没有错，但不要过于高兴激动，因为这样会让自己显得不沉稳、不严肃、不专业。此时，微笑以对，表示祝贺即可。

第二，当客户签约意向强烈时，不要喋喋不休。当客户成交意愿强烈时，就不要再喋喋不休地说太多成交理由了，因为你之前所说的成交理由已经打动了客户。如果此时你觉得还有很多成交理由没有说，继续诉说的话，客户可能会提出更多的疑问，如果解释不当，就会造成客户的疑惑，影响最后的成交。所以，此时你需要做的是引导客户交钱成交，比如“这是合同，您看一下，没问题在下面签字”“您刷卡还是现金，我们去哪里交钱办手续”等。

第三，最后关头，让客户意识到你已尽全力。有些客户，本已经显露出成交的欲望，但最后还想争取一些利益，会说：“要不你向经理再申请一下，看还能不能再优惠一点。”此时，销售员要让客户知道你尽了全力，此时已无能为力。比如，你可以如客户的愿去一趟经理办公室，然后出来告诉客户：“我已经尽力，没办法，只能这样了。”在这种情况下，客户通常会顺利成交。

第四，客户意向越强烈，越要重视客户的情绪。如前面所讲的案例，在客户成交意向强烈的时候，不要总是催促客户交钱、签合同，否则，客户可能会认为你是一个急功近利之人，对你产生不信任。此时，应该更加重视情绪，客户在说一些事情的时候，要认真对待，加深与客户的感情，这样自会推动客户走向成交之门。

第八章

强化成交理由，别被你的形象拖后腿

客户是“感观性”的

销售中，我们会找到很多成交理由，诸如产品物美价廉、售后有保障、上市公司的产品、国家支持的项目、产品性能优越等，所有这些成交理由我们都是围绕产品发散出来的，很多销售人员一想到成交理由便会想到这些。其实，抛开产品，我们自身也是一种非常好的成交理由。

我有一小表妹，到了婚嫁年龄，小姨开始为其张罗介绍对象。介绍第一个对象时，见面地点是在我家里，表妹安静地坐在客厅沙发上，男孩进来后，表妹微笑着站起来看向对方，但马上又露出了失望的表情。不到15分钟，两人见面结束，小姨问表妹行不行，表妹噘着嘴说：“太难看了，介绍也不挑个好看点的，你看他穿的多土。”

小姨反驳道：“哪里不好看了，我看不错啊，就你事情多。”

可见，一个人找对象，他首先期望的是这个人好看不好看，而不是人品好不好。不管男女都是如此，女孩想找一个帅气的男孩子，男孩想找一个漂亮的女孩子，如果第一印象不好，必然不会有继续交往下去的欲望，也不会有了解对方人品的心情。

销售也是如此，销售员在推销产品的同时，其实也是在推销自己，每个人都喜欢与有礼貌、帅气漂亮、微笑的人沟通，甚至有些客户就是因为销售员衣着整洁有素养而与其成交的。一个邋遢、不修边幅的销售员显然是很难赢得客户的信任与认可的。

所以，“自己”也是一个不错的成交理由。那么，如何让“自己”这个成交理由发挥更好的效果呢？

第一，衣着打扮。

1．穿衣看年龄。不同的年龄所凸显的气质特点不同，所以应该穿不同风格的衣服来衬托自身散发的气质。年龄大一点的销售员，比如 40 岁以上，衣服的颜色要淡一些，比如灰色、黑色，尽量选择正装来体现自己的沉稳。较为年轻的销售员，可选择一些颜色鲜艳、款式时尚的衣服来体现自己的朝气。

2．穿衣看场合。有人认为销售员见客户一定要西装革履，其实不一定，不同的场合应该选择不同风格的衣服。比如去客户办公室、与客户参加某活动等商业场合，自然穿得要正式一些；但如果是陪客户运动、帮客户干活，要穿得休闲一些，否则会让客户感到尴尬。

3．衣着档次选择。同样款式的衣服档次有着天壤之别，有的 100 元，有的可能需要 10000 元，不同档次的衣服也影响着客户的成交决策。

首先，衣着档次要与产品挂钩。比如，你是宾利汽车的销售员，穿一套 100 元的廉价西服，显然是不合适的，俗话说“好马配好鞍”，高端品牌的销售人员在穿着上自然也要配得上品牌的高度。一来是因为个人形象代表着品牌形象，二来是因为自己接触的客户多是见过大世面的高端人群、成功人士或者说“富豪”，销售人员的高端形象也是为客户提供尊贵服务的重要一项。

举个例子来说，如果你推销的是少则几百万、多则几千万的进口豪车，为客户服务时却穿着 100 元的西服。再者，如果你是推销手机的，却穿着一套 5000 元的西装。穿着价值与产品价值严重不匹配，均会使客户对销售人员产生距离感。有些人可能会问，客户怎么会看出衣着的档次呢？我想说的是，千万不要小看客户的观察能力，几百元的衣服与几千元的衣服，即便不用手触摸质感，单用眼睛去看，用心去观察，也是可以看出差距的。诚然，不是所有人都在意销售人员穿的衣服是什么档次，但即便如此，我们也要进行自我要求。因为从客户心理的角度讲，买 1000 万的商品，他自然希望与有品位有档次的人在一起沟通。

当然，不是说卖什么档次的产品就必须穿什么档次的衣服，有些销售员经济基础不好，不可能办到，那么衣着一定要整洁、干净，在谈吐、举止、气质上加以补足。

4．男性着装修饰。俗话说“细节决定成败”，在衣着修饰上也要特别注意。服装要适合自己的气质，这一点在前面已经讲过。西装上衣的适宜长度是胳膊下垂，袖口与手的虎口相平即可。不管是上衣口袋还是裤子口袋都不要装东西。衬衣的袖口与领口非常容易出现污垢，要时常检查是否干净。

在正式场合，要穿西装打领带，非正式场合可不打领带，但衬衣最上面一颗纽扣要解开。

胡子、指甲要修干净，头发要打理整洁。有些销售员喜欢戴项链、手链等装饰品，在拜访客户时最好摘下，因为这些东西会引起客户的反感，越是简洁大方，越是让客户在视觉上感觉舒适。有些人觉得男销售员的头发应该是短发，其实在当今比较开放的社会，只要自己喜欢，长发也无所谓，但切记一定要干净，不要染发。

5．女性着装修饰。女性头发同样要打埋顺畅光滑，以画淡妆为宜。与男性不同，项链、吊坠等装饰品不可缺少，因为它们能够点缀出女性的气质，但装饰品的大小应以细小为主，不易过大，否则会喧宾夺主。特别要注意的是，女性销售员应以职业套装为主，且不可穿超短裙、短裙、露肩装、露脐装等街装。

第二，沟通礼仪。

礼仪是销售人员的敲门砖，合适的礼仪更能赢得客户的认可。拜访客户前要先预约，询问客户什么时候方便，而后确定拜访时间。见面后的称呼问候、开场白等，体现的是一个销售员的专业与素养。问候时用“您”，比如“您好”“您觉得……”称呼时尽量用官职，比如“张经理”“李总”“王主任”等。没有官职或不知道官职的情况下，可用“先生”“女士”或“哥”“姐”称呼，如，“张先生”“李哥”等。

沟通时眼睛看着对方，且不轻易打断对方谈话，如果对方是外国友人或少数民族，销售员要随俗，比如国外见面礼仪有拥抱、亲手背，销售人员要顺从；再如，回族人民对猪比较敏感，在他们面前不要谈及有关猪的话题。

此外，交谈时要打起精神，不可睡眼蒙胧、萎靡不振，没说几句话就哈欠连连，这会让客户觉得你不重视他与你的沟通，客户成交的欲望也会随之降低。

第三，微笑。

微笑是最甜美的语言，同时也是最优秀的礼仪。从心理学的角度讲，人与人见面后的 10 秒钟决定着对方以什么样的态度与你交往，在这 10 秒钟中，除了以上所说的着装外，微笑是重要因素之一。试想一下，一个陌生的人，见面之后向你露出甜美的微笑，你一定也会以微笑回应，同时，沟通时的语言态度也会顺应你的微笑表情。

所以，作为销售人员，无论与客户见面之前个人情绪有多差，心情有多么难过，见到客户后一定要露出甜美的微笑，体现出你的友好与真诚，这样更能赢得客户的好感。

第四，行为动作。

行为动作是体现一个人素养的主要部分，比如有些人坐下之后便跷起二郎腿，且一只脚不停地抖动。自己可能习惯了，觉得没有什么，可是对于客户来说，会认为是一种轻浮且有挑衅的意味，从而留下不好的印象。所以，销售人员在客户面前，坐要有坐姿，站要有站姿，走要有走姿。

客户邀请我们坐下的时候，走到椅子正前面，轻轻坐下，如果要将椅子拉出来，不要摩擦地板发出太大的声响。落座后坐凳子表面的三分之一到三分之二，不要靠椅背；女士落座时，如果穿着裙子，双手将裙子向前拢一下，以免坐皱或显出不雅。

落座后不要跷二郎腿，更不要抖动腿脚，在客户说话时，身体微微向前倾，表示对客户讲话的重视。

与客户同行时，如果在自己公司，应主动走在前面给客户带路，与客户保持两步远的距离；如在客户公司，与客户平行，方便彼此沟通。走廊为狭窄通道时，尽量靠右走，不要并排走。

与客户交谈时，不要搔首弄姿，挤眉弄眼，挖鼻掏耳，眼睛四处乱看，这些都是缺乏教养、轻浮的表现。

总之，有时候，你自己就是一个成交理由，关键在于我们怎么包装运用。包装运用得好，就会成为优秀的成交理由，否则就会成为我们成交的绊脚石。

你的真诚度决定了你的可信度

成交主体一般有三，即产品、客户、销售者，销售者的目的是成交，客户的目的是受益，两者皆需围绕着产品。对于客户来说，促使其购买的理由有很多，除了产品本身，销售者的态度也至关重要。

买，或者不买，取决于客户对产品的需求度、受益度。

同类型的产品，买哪个品牌？取决于品牌号召力，客户认可度。

同一个品牌，跟哪一个销售人员买？取决于销售者带给客户的直观感受。

某科技市场中，一名男顾客进入一家电脑品牌店。刚一进店，正在玩手机的销售人员抬头看了一眼来人，随口问了一句："买电脑吗？看看相中哪一款了，我给你介绍介绍。"

从顾客口中得知，他要给自己正在读初中的儿子购买一台新电脑，一来是学习需要，二来家里唯一的电脑供一家三口工作、学习抢着用，也实在是不方便。顾客也表示自己来之前了解了一番，孩子对于品牌也是有着执着的要求，非要这个品牌的电脑，说是牌子大，好用，跟同学说起来也有面子。

购买需求如此明显，顾客也表达得十分坦诚，这样的情况在谁看来，成交的胜算都很大。

于是，销售人员便对本品牌下主推的几个系列、型号作了介绍，尤其是一个最新上市的新型机，不论是性能还是外观，都是品牌中最出色的，当然，价格也是最贵的。他表示强烈推荐，可是顾客却显得十分犹豫。

“这是新款，现在是体验价，这个月月底，会重新定价，到时候这个价格可就拿不到了。”话没说完手机便响了，声音很短，听起来应该是信息提示音。销售人员拿出手机看了看，手指在屏幕上灵活地点来点去，似乎回了一条信息过去。结束后再次看向顾客，表示在等待他的反应。

顾客却说：“体验价也是有点贵了，给孩子买的，适中就好。那一款不是也在搞活动吗？价格便宜很多啊！”

“既然是给孩子买的，当然要从孩子的角度出发，现在的孩子都爱玩游戏，一般的机器根本带不动大型的游戏。所以，一分价钱一分货，它贵有贵的优势。而且，现在品牌电脑的价格多透明，拿回去，别人一看型号就知道您买的是最新款还是特价机。再说了，您挣钱为谁啊，还不是为孩子嘛，这款您买回去，保证您孩子喜欢，在同学、朋友面前绝对有面子……”说话间，他时不时看看手机，似乎在等待信息回复。

话没说完，顾客脸上明显不高兴了，他本来就反感销售人员时不时看手机，把注意力全放在了手机聊天上，跟自己讲的话此刻听起来也十分不顺耳。于是顾客反驳说：“给孩子买来学习用的，又不是专门买来玩游戏的。而且现在的孩子，就不能惯他攀比的坏毛病。再有钱也是他老子辛辛苦苦挣来的血汗钱。”语气虽平静，但却透着不愤。说着便要往门外走。

销售人员意识到这一单有危险，连忙把手机插进口袋，说道：“您是比较相中那款特价机是吧？那我再给您详细介绍一下那一款……”

可是，顾客摆了摆手，说：“我再看看其他牌子吧。”

顾客走后，销售人员再次拿出手机，然后发了一条语音信息：“亲爱的，刚接待了一个客户，又是个抠门儿的主，一进门就盯上特价机了。都买特价机，那我们喝西北风去啊。那么点提成还不够我费口舌的呢。”

原本，从开头顾客的表现来看，成交率是很高的。顾客的购买意图十分明显，冲着该品牌而来，只要谈得好，当场交款提货也很有可能，但却以失败告终。究其原因，是败在了销售人员身上。

首先，行为不尊。在与客户沟通过程中始终放不下手机，甚至还接收信息、回复信息，这是对顾客极大的不尊重。如此一来，不管他讲什么，顾客都会觉得他心不在焉，说的话也只是敷衍了事，所以已经心生反感。

其次，揣着明白装糊涂。销售人员并不是读不懂顾客，顾客语言表达出了对本品牌的认可，行为上表现出了对特价机的兴趣，在得知新款价格高昂后，语言上也明确表示想了解特价机，这些信息销售人员是获取到的，正如他所言“一进门就盯上了特价机”。但本着“求利”的心理，销售人员选择强烈推荐价格昂贵的新款，而忽略了客户对特价机的了解需求。

再次，进行亲情绑架。在顾客表示价格太贵，把话题转移到特价机时，销售人员搬出了孩子，企图用父亲对孩子的爱来进行亲情绑架，言语间表达的意思似乎在说，如果你爱你的孩子，那就不要嫌贵。

最后，表达了错误的价值观。父亲对孩子的爱是毋庸置疑的，也许为博孩子开心，这个父亲原本是打算应孩子的要求买名牌，但销售人员的一番话恰恰点醒了父亲，让顾客意识到了，孩子正是贪玩的年纪，应以学习为重，更应注重品德修养的养成，而不是沉溺游戏，盲目攀比。

最为重要的一点是，通过与销售人员的交谈，顾客已经对销售人员产生了厌恶，不仅仅是语言表达上的“不顺耳”，而是感知到对方在真诚上的缺失。顾客不免觉得——这个人不厚道，他不是在真心为我服务，而是在推销产品，在赚钱，不卖客户最想要的，只卖利润或者说提成最高的。

接下来，我们看看这名顾客在另外一家店里又遇到了什么情况。

他来到了另外一家同样品牌影响力较高的专营店，刚走到店门口，销售人员便热情地接待，站立于侧边，颔首并微笑着说：“欢迎光临！”接着询问了他的需求，他坦诚说出。销售人员了解之后，便首先向他介绍了几款特价机。

“先生，这几款机器正在做特价，现在购买是最实惠的。学生使用的话，只要不需要带动什么大型的软件，比如游戏啊，设计软件啊之类的，那是足够的。尤其这一款，音质比较好，学生线上听课，学英语，效果非常好。而且，现在的学生学习压力太大，偶尔放松一下，学习之余听听音乐，看看电影，休闲一下，也挺不错的。”

该顾客笑了笑说：“是是……现在的孩子也不容易。”

“您再看一下这一款，相当于那一款的升级版，在原版的基础上做了几款优化，比如屏幕采取最新的技术，可以减少长时间盯着屏幕产生的视觉疲劳，有一定的视力保护作用；处理性是最新型的，速度快；散热处理更佳，电脑用久了也不易发热发烫。另外，在外型上也做了改进，简洁时尚，很受现在年轻人喜欢。就是这款没有活动，所以价格上稍微贵了一些。”

看到顾客没有说话，但目光更多地停留在了升级版上，销售人员又说道：“这两款其实都不错，一个是升级款，一个是经典款，学生用的话，经典款其实就可以了。”

顾客似乎也十分纠结，反复对比，反复咨询，又问销售人员升级版是否可以优惠一些。

“这一款目前是没有优惠活动的，我个人是做不了主的。不过我可以请示一下领导，看看能不能帮您优惠一些。”说完，销售人员便去柜台打电话。距离不远，所以销售人员通话中向领导为自己争取优惠的对话顾客听得清清楚楚。

最终，领导表示，价格上实在没有办法优惠，但是如果购买的话，可以赠送一个价值600元的大礼包，包括炫酷的键盘、鼠标、桌垫、耳机等深受年轻人喜欢的电脑相关产品。

顾客十分满意，当场结账拿货。

同一个顾客，同一类产品，对比两个销售员就可以发现，第二个销售员在与顾客沟通交流的过程中态度更加真诚，语气更加柔和，说话更加婉转，为顾客考虑得更多，甚至主动为顾客去向领导申请优惠。这一系列行为已经在顾客内心赢得了良好的印象分，成交胜算也自然更多。

真诚与否，客户是可以感受得到的，从你的语气、行为、小动作、微表情等，但凡他们能够捕捉到的信息，都会传达到内心，进而转化为内心感受。

真诚，也许不一定成交，但不真诚，就一定无法成交。

真诚度与成交概率是可以成正比的。当客户感受到的真诚度越高，他对于销售人员给出的成交理由越信服，购买行为越果断甚至愉悦；当客户感受到的真诚度降低，销售人员给出再多成交的理由他们也不会信服，甚至还会曲解，认为你只是在骗他们掏钱，反而设下心理防线，轻易不愿妥协。

同类产品，反正都买谁的都一样，为什么非买你的呢？我看你顺眼就买，不顺眼就不买，客户有这个任性的资格。

公司能做的是让产品更受欢迎，而我们能做的则是让自己的所作所为更得人心。

成交需要一种仪式感

在很多人看来，既然决定成交了，付了款，提了货，微笑说声“拜拜”就结束了。有些人则不同，他们不但前期给予顾客优质的体验与服务，最终的成交环节也十分重视，或隆重，或热闹，或温馨……总的来说，是给顾客一种交接的正式感、仪式感，让客户感受到销售方对于成交的重视。那么，注重仪式感到底有无必要，对于成交有无益处呢？

我们且先从仪式感来谈起。

仪式是人们对于某件事物所表现出来的形式，仪式感是人们对于事物表达形式的重视。仪式感通常可以将一件单调普通的事变得不一样，变得有意思、有趣味，甚至可以赋予它特殊的意义，给人特别的心理感受。

生活中不缺乏仪式感，比如过节、结婚、寿辰、祭祀、丧葬等，人们更普遍地认为，只有这类“大事件”才需要仪式感。除此之外，无非就是过日子，平淡、单调、枯燥本就是生活原有的样子，而对于那些大事小事都特殊化、仪式化的人，只会觉得未免太过矫情，穷讲究。

就拿吃饭这件事来说，有些人觉得怎么简单怎么来，一顿饭而已，吃好吃饱最重要，至于是站着吃、蹲着吃还是坐着吃，是在茶几上吃还是在餐桌上吃，是用盆吃还是用碗吃，都随意。有些人则十分讲究，吃饭必须在餐桌上吃，餐桌上铺上精美的桌布或餐垫，摆放着散发淡淡香气的鲜花，盛菜的用盘子，盛汤的用汤盆，盛饭的用小碗，规格一致，摆放有序而不杂乱无章，最好再来点音乐，播放一曲雅致的蓝色小调。

没有仪式感的人会觉得这是穷讲究，但其内心其实是向往的，羡慕的，当他真的置于这种仪式感之中时，他的心情是欢愉的。所以，大多数人不是不想做，而是懒得做。

做销售也是一样，同样是成交，交钱提货，有些人只是把它当成了一件平常事来做。对于客户来说，一笔数字从银行卡里划出去，就这么淡如水地结束了。

所谓没有对比就没有伤害，如果大家都这样做，客户自然也就习惯了，但如果有人费了心思，搞了花样，有了仪式感，那么，客户在有选择的情况下，自然会选择后者，一个重视成交，能让自己心情愉悦的销售者，在客户看来，这也是对自己所付金钱的一种尊重。

高先生最近在看房，利用周末的时间，原本制订的计划是要跑四个新开的楼盘，结果他跑到第三家时，就在购房合同上签了字，交了首付款。

从吃过早饭开始，高先生便和妻子一起出发去看房。这几个楼盘的位置和大概信息自己是提前做了了解的，所以在第一个楼盘和第二个楼盘简单听了介绍，看了户型图，更深入地了解之后，便来到第三个楼盘。

在进入第三家楼盘时，已经快要中午了，好在他们在半路简单地吃了点饭，准备下午再看两个楼盘。结果刚进入大厅，就被眼前的景象惊呆了——这哪里是售楼处，简直就是在举办宴会。与前两个楼盘相比，这里十分热闹，大概是为了热场子，专门为客户准备了午间自助餐，还有各式饮料、茶、咖啡和点心，整个大厅坐满了人，置业顾问也忙得不亦乐乎，热情地为客户讲解。

高先生与妻子好不容易才找了座位坐下，简单地拿了些点心和茶水，置业顾问刚入座，还没来得及说话，就听见大厅音响中有声音传来："恭喜李先生成功签约，顺利抢到好房子。现在李先生有一次砸金蛋的机会，为您的新房子再添一份好彩头。"

所有人的目光都齐聚在砸彩蛋的区域，只见有十多个金蛋用红色的绳子悬挂在空中，旁边桌子上放着一把系着红飘带的金色锤子，一位男子拿起锤子，徘徊了少许，选中其中一个后，砸了几下才将金蛋砸破。金蛋砸破的瞬间，有工作人员在旁边同时拉响礼花，"嘭"的一声，空中顿时下起了彩带雨，一片一片，亮闪闪的，十分绚丽。

“再次恭喜李先生，获得精美餐具一套。”旁边司仪拿着话筒兴奋地说道。

李先生领到礼品，看到是一个包装精美的盒子，脸上的表情有些意外，也有些惊喜，乐滋滋地提着走了。

高先生这边，置业顾问说话了：“成功签约后都会有一次砸金蛋的机会，而且没有空奖，上午有两位运气好的女士，一个砸了台洗衣机，一个砸了台空调，最大的一个奖是8888元的红包，到现在还没有人砸到。您要是签约，也可以试试手气……”

置业顾问一边整理着手中的房型图，一边笑盈盈地说着：“当然，买房子是大事，主要还是得让您对房子满意，砸金蛋也就是讨个好彩头。您看您主要想看多大面积的……”

之后的交谈十分顺利，置业顾问也十分热心肠，介绍了好几款户型，主动分析了优劣，以及该楼盘周边的环境设施，已经规划好并且已开始建设的学校、医院等。最终，高先生和妻子在选中了一套小三居后也签了合同，砸了金蛋，虽然只领到了一台咖啡机，但内心仍旧是喜悦的。

临走时，置业顾问将他们送到门口，并双手赠送了一个礼品袋，说：“这是我个人送给你们的小礼物，祝贺你们买到喜欢的房子，也谢谢你们对我的信任，很高兴能够为你们服务。”

回到家后，高先生的妻子将置业顾问送的礼品袋打开一看，里面是一张手写贺卡，一对雕花白瓷咖啡杯，还有几张名片。打开贺卡，除了一些祝福的话语之外，最后还写了一句十分调皮的话：“礼品是送给您的，名片是送给您身边有需要买房的朋友的。”句末还画了一个笑脸。

没有仪式感的人，把生活过成了柴米油盐；有仪式感的人，把生活过成了诗。

大到商家，小到销售员个人，高先生签约的楼盘可谓是十分注重仪式感。

对于商家的午餐宴会、砸金蛋活动，理智上，客户知道这只是小利小惠，为的只是博取关注，吸引消费罢了，但情感上，他们是享受这种仪式感的。

对于置业顾问个人的小礼品，更是小恩小惠，虽然值不了多少钱，但对于客户也是十分受用。尤其是那张手写贺卡，一笔一画写出来的字，更能让客户感受到自己的真诚。

仪式感可以彰显一个人对于生活及工作的热爱与尊重，如果一个人没有严格的自我要求与信念，那便很难将仪式感完美执行。只有发自内心地认同并执行，才能真正地做到享受仪式感进行的过程与最终得到的效果，而处于仪式感当中的其他人，方能感受到这份用心与真诚。

销售工作中，除了公司的要求，销售人员个人也可以拥有或打造属于自己的仪式感。比如：

必化妆。工作或是和客户打交道时，要求自己必须化妆，不过浓，淡雅清爽即可。

保持微笑。管理好表情，始终面带微笑，不把私人情绪带到工作中。

形成固有程序，比如先问好，引入座，再倒茶，沟通讲解，再忙再乱也不懈怠，给予客户充分的重视感。

姓名记忆。得知客户姓名后，牢牢记住，如果当次不成交，之后每一次见面，必叫得出对方名字。因为不是每个客户都是一锤定音的，一看二问三打听，几次打探虚实也是常有的事，如果在第一次之后的每一次都可以叫出客户的名字，不仅可以让客户对自己刮目相看，吃惊之余，也可以感受到尊重与重视。有了好感，自然离成交就更近了一步。

准备一支具有仪式感的签字笔。客户签单，相比随意拿出一支再普通不过的笔来，如果可以拿出一支或精致的，或怪趣的，或别致的笔，更能让客户眼前一亮，心生愉悦。如果可以，在保障个人利益的情况下，可以为客户准备一支专属签名笔作为成交小礼物，比如，印有或刻有客户名字的商务笔，或是可爱的适合回家送给孩子的卡通笔，或带有音乐可以拿来一乐的怪趣笔，如此等等。

仪式感的执行在于坚持，有些看似简单，要实际操作或是长久执行实属不易，需要付出努力与精力，也正因如此，这份真诚变得难能可贵。

谦虚是最好的姿态

做销售得能说会道，用语言去说服客户，用自信去征服客户。要做到这一点，往往需要很强的自信，要相信自己的专业能力，以一个“专家”的姿态去面对客户，这也使得自己的语言表述在客户看来更具可信性，更有信服力。这是对的，但不是绝对的。如果不管来者何人，皆以专家自恃，姿态放得过高，也许会出现反作用，反而不利于成交。

和朋友们一起聊天时，听到过不少这样的案例。就拿一位女性朋友来说，她平常便以美妆达人自称，对于自己的妆容要求十分严格，不化妆就坚决不出门，即便是在家宅着，看看电视，打打游戏，没有出去的打算，她也要化得美美的。对此她开玩笑说：“万一收个快递，点个外卖呢，这也是社交啊！”

一次聚餐，她便聊起了自己购买化妆品的经历：

以往我买化妆品，随便跟售货员聊几句，人家都知道我不是外行，有的直接就说‘你是行家啊’。前几天我去买化妆品，那个售货员啊，简直没把我气死，专门跟我唱反调，她哪像售货员啊，我看她倒像贵宾。”

我说面膜这样敷，她说不对，应该那样敷；我说化妆步骤，防晒可以当隔离用，她说这样用是错误的，防晒必须在最后一步，否则抹了也是白抹；我说防晒霜比防晒喷雾好用，她就说防晒霜已经过时了，喷雾型的现在是流行……

什么意思？你们说说，她这是什么意思，不就是在说我 OUT 了吗？

好吧，就算我说的不全对，我也不是专业做化妆品的，只是业余爱好，但她要说她专业，我是打死也不相信的。首先你瞧她那自恃甚高的态度就让人看着不顺眼；再者，她如果在她的脸上多下下功夫，把脸修饰好，妆容化精致了，那我也是服她的，但事实并没有，从她的脸上，我感觉她的化妆技术一定不如我。

我委婉地表达了我的想法，因为话不好说得太难听，可人家也十分委婉地坚定了自己的立场，说什么‘我们公司不但对产品质量严格把关，对销售人员的要求也十分严苛，定期会请护肤专家、美妆专家来为我们讲解、培训，所以您大可相信我的专业能力。我给您推荐的一定是最适合您的’……

她越是这样，我越不想买。就算是我错了，那我也一错到底，不然我的面子何在？

她抱怨了一大堆，其实在我听来无非就是一句话——那个售货员的态度让我很不爽！

她最终不愿购买的主要原因并不在于产品本身，而在于售货员。她觉得自己是深谙护肤化妆之道的，而在和售货员沟通时，自己引以为傲的专业性受到了打击，观点与对方产生分歧时对方的不忍让，摆出的“专家姿态”惹恼了她。尽管没有发生语言冲突，可是在内心她已经挥刀斩剑了。

那么，这位销售人员错在哪里呢？

第一，与客户论对错。当客户与销售人员站在对立面时，不管最终谁赢谁输，销售人员都输了。和客户展开辩论，倘若销售人员赢了，那客户颜面何存？已经失了面子，如果再购买产品岂不是更加助长了对手的威风？倘若客户赢了，那他会质疑你的专业能力，嫌弃销售人员的虚张声势、班门弄斧，也许少数客户会傲娇地一掷千金，但大多数客户会不屑于成交，反正同类产品甚至是同品牌的产品购买渠道多得是，大不了另寻别处。

第二，不动之以情，只晓之以理。婚姻中常常听到一句话，“家就不是讲理的地方”，“永远别和女人讲道理”，销售中也一样。不要觉得自己有理可以走遍天下，没有成交量，有再多的理有什么用？所以，在与客户打交道时，不妨多动之以情，巧妙地将“理”融入“情”当中，让客户愉悦地接受你的“理”，认同你的观点，成交概率自然更大一些。

第三，忽略细节。尤其是生活用品类的产品，销售人员本身就是门牌，是形象代言人，就好比卖洗发水的销售员，自己拥有一头丝滑柔顺的秀发；卖护手霜的，自己有一双皮肤细腻嫩白的纤纤玉手；卖皮鞋的，自己穿着做工考究或干净明亮的皮鞋，如此等等。销售人员形象中与产品相关的部分会被客户放大来看，他们更希望从销售人员身上看到产品的闪光点，从而增加说服力。即便销售人员使用或穿着的并不是所营产品，但销售人员的讲究也会让客户另眼相看。

再者，要摆出专家姿态，首先你要有真本事，下功夫去研究产品，了解行情，更新相关知识，不能只学了一些皮毛，便在客户面前大放厥词。碰到完全不懂的行外人还好，也许就信了，也许半信半疑也上了道，但如果碰到行家，或是提前做了些功课，稍微对产品、行业等相关信息做过深入了解的客户，恐怕就没有那么幸运了。你的夸夸其谈反而会使他们心生反感，难免觉得“这个销售员太不靠谱了”“这是把我当无知了”，恐怕不愿再听下去，要么另寻别处，要么直接走人。

对于产品认知不深入，称不上专家并不要紧，知识不够，姿态来凑。如果你不够聪明，那就必须足够努力，脑子记不住的专业知识，可以整理成材料打印出来，在面对客户时，可以先探探客户的口风，看看客户对产品的了解有多少，然后拿出事先准备好的材料，与客户共同探讨，分析利弊。如此谦卑的姿态反而能够赢得客户的好感，让人觉得“这个销售员够实在”。

山外有山，人外有人，没有人敢说自己是绝对的权威。牛顿一生成就出众，其晚年时曾说：“在科学面前，我只是一个在岸边拣石子的小孩。”这并非他太谦虚，而是他的心声，在他看来，大自然万千奥秘，自己所知道的与之相比简直太渺小了。的确，宇宙浩瀚无边，世间万物瞬息万变，各行各业各领域，即便是再顶尖的人才，也有局限性，因为人不能通晓所有的知识。以谦卑为怀，虚心受教，虔诚待人，反而能够立功勋，成大事。

“发明大王”爱迪生也曾犯过骄傲自误的大错，那就是科学界轰动一时的直流电和交流电之战。爱迪生固执地反对交流输电，始终坚持使用直流输电，因为他所擅长的是实践出真知，而交流输电需要太多的理论支持，比如微积分、数学公式算化等，让他觉得要把这种抽象的理论转化为实际的产品，简直是天方夜谭，况且他已经拥有了现成的且成熟的直流输电技术。爱迪生凭着个人的喜恶一味地反对交流电，使得公司错过了最好的发展机会。最终事实证明，交流电确实有其可取之处，相比直流输电适合近距离传输的特点，交流电则打破了这一局限性，亦可用于远距离的传输。现如今，使用最频繁最普遍还是交流输电。在爱迪生自认为最擅长的领域里，他输给了自己的认知局限与自傲。

科学巨人尚且如此，更何况我们？

谦卑姿态，并不是说让销售人员如何放低自己，而是在保有自我的前提下，以谦虚示人，不恃才傲物，不低看他人。与人相处过程中，要善于从他们身上寻找闪光点，找到别人优于自己的地方。

别人优于自己的地方，虚心向其请教、学习；别人不如自己的地方，谦卑以待，共同探讨，共同学习，“探讨式”沟通远比“说教式”沟通更有效果。

谦卑的人在与他人交流时，一举一动，一语一态，都展现着自身的素质与教养，让客户感觉舒服，更愿意与之交往，袒露真心。

正义与善良更能赢得客户的信任

《荀子》中讲："不学问，无正义，以富利为隆，是俗人者也。"在客户看到销售人员的第一眼，你笑得再灿烂也不过是为了他腰包里的钱，你话说得再似蜜甜，也不过是为了赚取更多的提成，因此，"图利者"的形象一旦树立，客户便会产生防备，不会坦诚地表露自己，因为缺乏信任。正义、善良的形象是最容易打动人心的，人们可以轻视花言巧语、油嘴滑舌，但绝不会看轻一个人的正义与善良。在正义与善良面前，人们更愿意去相信，去卸下防备，这对于销售人员来说，至关重要。

正义是一种气质，由心散发出来的公平、公正、公道、正直、正当，而善良则是一种感觉，它是人的一种心态，一种内心的阳光与明媚，一种与世无争、与人无害的美好，都说善良的人容易受伤害，但在善良面前，邪恶也将变得无地自容。当然，当善良遇上邪恶，结果并不一定是邪恶被善良感化，但人就是这样，哪怕是恶人，也是向往美好的。

天桥上有一位年轻人摆摊卖些小商品，因为人流量大，所以每天的收入也算不错。一个偶然的下雨天，他发现好多人都来咨询有没有伞卖，觉得这是个商机。于是，他很快便上了新货，晴天可遮阳，雨天可挡雨。

果然，一到下雨天，雨伞的生意便格外好。因为很多人并不是家里没有伞，而是当天出门没带伞，为了避免淋雨，只能再买一把新的。

刚开始，10 元批发的雨伞，年轻人晴天卖 15 元，下雨天卖 20 元。但后来他一想，下雨天买伞的大多是"应急"，附近几百米就只有自己在卖，既然如此迫切需要，卖得再贵一些，那些人也必然愿意买。

后来，年轻人的雨伞在晴天还是卖 15 元，下雨天则卖到了 30 元。对此有些人确实觉得贵，有些人则咬咬牙买了，如此，成交的数量虽然明显变少了，但是一天的净利润还是和从前差不多。

渐渐地，人们发现了这个规律，同样的伞，晴天卖 15 元，下雨天就卖 30 元，如此行为，简直就是价格欺诈。有些人一问价格直接便说："中午我来问不还是 15 元吗？怎么一会儿工夫就变 30 元了？你这涨得也太快了吧。"

"下雨天价格本来就和晴天不一样啊，我这顶着风冒着雨地卖东西，加点辛苦钱也说得过去吧。"年轻人解释道。

"算了，反正也淋湿了，干脆淋到底吧。"有些人宁愿淋雨也不愿买伞了。

对此年轻人并不在乎，还悻悻地说："这点钱都花不起，活该你淋雨！"

来往的人们听到这句话，本来有意咨询的，也径直走开了。

再后来，年轻人发现买伞的人寥寥无几，但凡上下班从此路过的，都知道这里有位极不厚道的小贩，谁也不愿再去买他的雨伞，哪怕是除了雨伞之外的其他商品。

一物两价，正是拿准了下雨天客户对于雨伞需求的"急迫"，所以坐地涨价，这种行为在很多人看来是不耻的。

其他销售行业中也有这样为了利益不择手段的人，比如吃回扣，报高价格赚差价等，甚至有些会抛出一些小利来引诱客户，殊不知，这反而会令客户反感。

我便曾遇到过这样的情况：

有一次，我去买电器，店里是有活动的，消费满 3000 元送 500 元现金券，再买其他东西时便可以直接用券抵扣。但我并不知道这个活动，销售人员也没有告知。当第二天从送货人员口中得知这个活动后，我去门店找了前台，结果被前台告知，"您的 500 元现金券昨天结账时已经领过了"。当时我才明白，为什么销售人员那么热心且执意要代我去缴费。（当时手机支付还没有出现，可以刷卡，但现金支付仍是主流）

还有一次，我帮朋友去咨询一台笔记本电脑，市场价是 4800 元，销售人员告诉我，他们销售人员有放价（降价）的权限，"我最低可以 4200 元卖给您，看您这边跟朋友报多少，如果您想赚个差价呢，开票的时候我可以给您开高点，您实际只需要支付4200元即可”。一瞬间，我再看向他，就觉得他突然变得有些“不入眼”了，他的提议对我来说无疑是一种侮辱。

一个人是否正直，除非有明显的信息发出，否则不深入了解是很难知晓的。因此，作为销售人员，有些多此一举的行为不如不做，否则主动将自己送到显微镜下，让客户对自己的某一个点无限放大，从而直接否定自己整个人的人品与德行，那便得不偿失了。

下面我们再来说说善良。很多时候，善良与正义是相依相伴的，正义的人往往拥有善良的心，善良的人往往有着正义的灵魂。如果说要一个人把自己的金钱交给谁更放心，那自然是拥有正义与善良的人。

小李大学毕业后见就业形势不好，便带着一腔热情投身到了保险行业。某天，当他去一家公司拜访客户时，发现有一群人在大厅忙得团团转，领导模样的人一边打着电话，一边焦急地喊道：“平时在眼前晃悠，关键时刻一个人也用不上。技术部联系上了没有？”

“刚联系上，说是昨天加了一夜的班，早上才回去休息，从家里赶过来的话，最快也得一个半小时。”有位员工回答。

“客户马上就到了，如果机器这个时候出问题，谈好的签约恐怕也要泡汤了。现在坐飞机也来不及了。你们这群人，天天玩电脑，就没一个人会捣鼓这台机器吗？”眼看没人说话，他又赶快催身边的一个员工，“快去，去！看看附近有没有家电维修，找过来试一试。”

小李大学学的便是机电维修，他表示自己可以试一试。领导看了看小李，心想死马当作活马医，结果小李真的将问题解决了。机器运转正常，客户公司顺利签约，小李的及时出现为他们保住了一个价值几千万的项目投资。

事后，公司老板要重金感谢小李，小李谢绝了，并表示“这只是举手之劳”，当老板表示要高薪聘请小李到公司上班时，小李也谢绝了。当老板问小李为何出现在公司时，小李说明了来意。

“好好好，我给你几万的谢礼你不要，那我就买你份保险吧。”

“不不，您不用因为我的举手之劳而买，希望您能给我10分钟让我给您讲解一下我们的产品，如果您真的对产品满意，再买也不迟。”利用10分钟的时间，小李为老板讲解了自己公司的保险产品，并且好心提醒客户，“有些健康险您如果已经买过了，那就不用重复买了。”

老板哈哈大笑道：“寿险我都买全了，理财险我倒是可以多买一些。”

小李临走时，老板还向他要了几张名片，并说：“小伙子，人不错，我身边如果有朋友买保险，我会推荐给你的。”

同样的一件事，立场不同，感受不同。维修机器这件事在小李看来，只是举手之劳，小事一桩，完全不值得一提，但在当事公司看来，这个举动关系到价值几千万投资项目，是一件大事。

对于小李当时面临的情况，不同品性的人也会有不同的反应。小李是善良之人，完全不当回事，觉得就好像自己走在街上，别人东西掉地上了，随手帮他捡起来一样简单，毫不费神费力，所以重金感谢受之有愧。有一些人则会觉得“虽然事小，但对于你们公司来说关系重大，那我就是做了一件了不起的事情，你们感谢我也是理所应当”。还有一些人看到这样的情况，在帮忙之前恐怕会先谈好“价钱”，就好像雨中卖伞一样，大有坐地起价之嫌，因为他们会觉得“既然这件事对你那么重要，我又刚好可以做到，那不如做笔交易，各取所需，相比几千万，要个几千块几万块，根本不算什么”……

人性就是这样，在某些时刻便会不自主地流露出来。人对于自己的品性缺陷也许难以审视，但在审视别人时心思则敏感许多，更善于观察，更能透过细节看到本质，就像人们常说的“旁观者清”。

所以，要想成交，先正己身，投机取巧、歪门邪道之路不要走，做一个正直的人，做一个对自己对世界都心怀感恩，善待一切人；要保有一颗真诚的心，坚守住应有的人格底线。以此为基础与客户交往，必能让客户感受到你的品格魅力。

古话说，“得人心者得天下”，这句话适用于政治、军事、团队管理等，也适用于生活中的很多方面，比如为人处世，销售营销。

充分倾听，后讲理由

大概是因为急于求成，一些销售人员在销售过程中总是表达多过于倾听，要么是客户刚开个头，销售人员便展开讲解，滔滔不绝，客户完全插不上嘴，要么就是频频打断客户的话，自顾自地，一股脑地将产品特性、优点及售后服务等常见问题表达完，确认自己表达的够清楚后，便催着客户埋单。这样做的结果往往都不太理想。

为什么结果不理想？

因为他们忽略了倾听的重要性。没有充分地倾听，如何知道客户真正的需求是什么，客户的顾虑是什么，客户的购买意向有多少，成交概率有几成？这些信息往往不是通过自行判断就可以得到的，也很难通过直白的问题得到明确的答案，因为大多情况下客户都会选择将购买动机、需求、意见、顾虑等隐藏起来，表面所说的并非是内心真正所想的。销售人员只有通过“让客户多说”，从他们的话语中找出真正的答案，搞清楚了问题所在，才能够给予相应的解决方案，给客户一个满意的成交理由。

那么，销售人员为什么急于表达，不爱倾听呢？

其一，为了缩短沟通时间，能够快速完成一单，尽快开展第二单。销售行业中销售人员的薪资水平是直接与业绩挂钩的，单子做得越多，业绩越高，自己的收入也会越高。正是因为与自己的利益相关，销售人员自然希望可以多接待几个客户，多成交几个单子。但如果因为想要多成交几个客户而怠慢了眼前的客户，造成客户不满，下一个客户也是同样对待，反而与预期目的背道而驰。不要把心思放在“下一个”，把握住每一个“这一个”，成交量自然就上去了。

其二，销售行业做久了，接触的客户多了，觉得深谙客户那一套咨询流程。客户会问些什么，心里在想些什么，有什么顾虑，无非就是常见的几种，答案自己也已经烂熟于心，张口就来，不用客户问，自己就能将其所顾虑的问题全部解释清楚。这种情况下，销售人员是讲清楚了，可是客户是否听清楚了，是否听懂了，客户的心理感受是否照顾到了？这些都是销售员必须考虑到的问题。即便客户完全听懂了，可是客户在沟通过程中没有感受到尊重与重视，心理上的不悦同样可以成为他们拒绝成交的理由。

其三，观点不同，急于说服。当客户所表达的观点与自己不同时，销售人员希望用自己的语言将客户扭转过来，从客户那里获得认同。然而，与其销售人员一方用语言攻势说服，不如试着与客户聊聊天，多听听客户所想，与客户对话，变“说服”为“引导”。

其四，觉得客户不懂，自己是专业的，与其将时间浪费在客户不知所云、逻辑不清的话语上，不如自己主动出击，拿出自己的专业能力，用自己的知识与观点彻底征服客户，令客户拜服。当你觉得客户不懂，自己更加专业时，其实你已经走偏了，一旦这种想法产生，内心与行为上不自觉地便会显露出对客户的轻视与低看，自己言语中的骄傲反而成了成交的绊脚石。

我有位忘年交，偶尔我们会在一起喝喝茶谈谈心。有一次相约喝茶，他说：“上午要给儿子提辆车，约到下午吧。”

下午，他如约而至。我调侃说：“提的车贵公子可还满意？”

谁知他却摇了摇头说：“买什么呀，没买！卡都掏出来了，差点就刷了，一口气儿不顺，我又把卡放兜里了。”

“这是为什么？贵公子惹着你了？”

“不是，是那汽车销售员。”这朋友没别的，就是嘴上爱说，可谓口若悬河，话一说到这里，我就知道他不把事情说清楚，心里就不舒服。果然，坐下刚喝一口茶，便开始吐槽起来。

“刚开始都挺好，小伙子也挺热情，介绍了好几款车型，有一款听他讲的我挺中意，说是适合现在的年轻人开，功能也多，空间也大，朋友们约着出去玩也方便，看起来也大气。”

“车相中了，那咱就谈谈价格啊。买东西嘛，平时买件衣服咱还砍砍价呢，这么大一辆车咱不更得杀杀价？”

“好，价格定下来了。那咱就交钱提车吧。结果财务窗口人多，得排队等一会儿。等着也是等，我们就闲聊呗。我就跟他讲我儿子，讲我儿子有多优秀，现在在做什么工作，我为他操了多少心，为什么不顾他的反对执意给他买辆车……我就发现，那小伙子这心根本就不在我身上啊，和其他排队交钱的同事说说笑笑，一会儿你碰我一下，一会儿我再还你一下，要么就是眼巴巴地望着窗口，嘴里还念叨着‘前面怎么回事，交个费这么慢’。”

“我想着反正我是来买车的，马上也提车了，就别那么矫情了。”

“不过没跟他聊时没想到，这一跟他聊我儿子，我突然想起来我儿子曾经说过家里的旧车内室颜色太亮，不耐脏，有点脏东西就十分难看，说他以后如果买车，一定要买黑色的内室，显得深沉有品位。于是我就跟那销售小伙说，‘小伙子，给我儿子买车呢，光按照我的喜好来了，忘了我儿子不喜欢亮色的内室，他喜欢黑色的，趁着没交钱，能不能把单子上的内室颜色改一下，不要米色，改成黑色’？”

“我知道他注意力也不在我身上，可是没想到我说了那么多，他一句话也没听进去啊。我又问了第二遍，他还一脸诧异地问‘您不是说您喜欢米色吗？为什么又要改成黑色呢’？”

“我当时那个气啊。敢情我说了半天，他一句没听进去，排队近半个小时，我都在自言自语啊！”

“当时我就说，咱也不用排了，我今天先不买了，我再考虑考虑。”

“他这下才急了，一直问我，这单子都开了，怎么突然又不提车了。我就说，今天当事人没来，怕买了他不喜欢，改天带当事人来买。”

朋友说完又呷了口茶，看着我说，“你说，我能告诉他是因为我心里对你不爽吗？倒也不是我矫情，但你最起码的尊重得有吧？他这是心里觉得板上钉钉了，这单跑不了了，就把刚开始的热情劲儿都忘了。我就要让他知道，不到最后一刻，没交钱之前，这买卖就没算成。”

在我想来，那个汽车销售员心里估计也够窝火的，到了嘴边的鸭子就这么飞了，他一定也觉得莫名其妙，断然想不到这一切竟然是与自己没有耐心倾听客户讲话而导致的。

不要觉得这样较真的客户很少见，大千世界，什么样的人都有，每个人都是独立的个体，他们有着属于自己的性格，想法，处事方式，做事方法。有些人能容能忍，有些人睚眦必报；有些人乐观豁达，有些人斤斤计较；有些人亲和友善，有些人性焦脾暴；有些人神经大条，有些人心思敏感……作为销售人员，我们无法预料自己会遇到什么样的客户，只有通过一些途径尽可能多地了解客户。而最为普遍的方法便是与客户面对面交谈，通过客户的言谈举止来捕捉有用信息，倾听不只是聆听语言，客户所表达出来的非语言如面部表情、肢体语言等，从而分析客户的性格属性，进而“对症下药”，促进成交。可以说，倾听的过程也是收集客户信息的过程。

就拿我这位忘年交朋友所遇到的销售人员来说，他如果足够用心，便可以了解到这位朋友其实是一位爱交谈的人，但凡爱交谈的人，都是渴望被倾听的人，这我对他们来说至关重要。

一名优秀的销售人员，要会说，更要会听，成功的销售就是“八分靠听，二分靠说”。而如何听，也是一门学问。因为倾听是一个隐性的行为，所以，作为销售人员，你有没有在听，有没有认真地听，有没有听进心里去，需要有个方法反馈给客户，让客户知道你有认真地倾听他所说的每一句话。

如何将自己的倾听反馈给客户？有以下几点建议：

其一，目光注视。在对方讲话时，眼睛看着对方，表示自己的注意力在对方身上。

其二，点头示意。客户说话过程中，偶尔点点头，表示自己听到了或听懂了；当对方表达某一观点时，点点头并“嗯”一声，表示自己认同这一观点。

其三，做笔记。好记性不如烂笔头，客户说的话不一定每一句都是重点，有时拉拉家常，谈天说地，听到关键信息或有用信息时，就用笔记下来。做笔记这个动作也可以让客户明确地知道你在听，并且听得十分认真。

其四，提问及表达。客户说话过程中不应频频打断或插嘴，但客户也不希望自己是在对着一个木头人说话，所以，必要的时候要做出一些回应与交流。比如，在客户表达完一个观点后，对客户表达不清楚的地方提出质疑，或者通过提问来获取我们所需要的信息。针对某种观点或现象，也可以提出自己的观点与想法，与客户讨论。但切记不要反驳，注意语调与情绪，最好的方法就是先认同对方，再委婉表达观点。

最后，倾听贯穿整个销售过程，即便已经成交，客户已经签了字，付了款，在没有彻底离开销售人员视线范围时，销售行为便不算结束，销售人员仍需以服务的态度对待对方。只要客户还在说，倾听就没有结束。当然，如果客户占用过多的时间去聊一些无关紧要的话题，销售人员就要想办法巧妙地结束话题，这样既有效地结束了话题，又不失礼貌，维护了客户的面子。

你必须懂得如何取悦客户

现在都流行说“有颜任性”“有钱任性”，“有钱任性”这个词用在客户身上也合适。钱是客户的，花不花全在于他。有些客户，他若不乐意，你磨破嘴皮子他都无动于衷；有些客户，只要他高兴，哪怕产品并不需要，自己找个理由也要买回去。所以，一位优秀的销售人员，必须懂得如何取悦客户，让客户带着好心情去埋单。

人的行为受大脑控制、支配，而大脑如何做出决策并发出指令呢？一方面是理智思维后产生的判断，另一方面则是情绪影响后产生的决定。这里我们主要讲的是后者，即情绪影响后产生的决定，进而发生的行为。

我们常说的“冲动性消费”便是人在情绪影响下产生的冲动性行为。冲动性行为发生后，也许过一段时间，情绪恢复稳定状态，理智重新占领主导思维，人会对之前的行为进行再次思考，如果思考结果与之前有差异，便可能会产生“后悔”的情绪。但在冲动性行为发生的当下，理智并非完全下线，就像两个小人在脑海里打架，人脑中会出现理智与情绪摩擦碰撞产生的思想斗争，只不过最终情绪战胜了理智，冲动性行为便产生了。

当然，销售中我们首先确认的便是客户的需求，只要他有需求，即便利用情绪激发使其产生了冲动性消费，等客户回过神来，后悔当初做了某一决定，他也有着最为重要的理由进行自我说服——“买了就买了，反正我正好需要”“反正都是要买的，在哪儿买都一样”“反正家里也没有，用着试试看呗”……人一旦用“反正”二字来与自己对话，就大多是不想给自己反驳的机会了。

所以，作为销售人员，我们便可以利用人的这一特点，以情绪的调动来影响客户的判断与行为，从而达到成交的目的。

那么，怎样调动客户情绪，让其乐于埋单呢？

答案很简单：取悦客户，让其开心。更通俗地说，就是哄客户开心。

我身边不乏一些女性朋友，总是吐槽自己冲动消费，明明是自己乐呵呵地掏了钱，最终还怪遇到的销售人员太会忽悠。

其中有一位平时十分爱打扮的女士，当她告知我在美发沙龙办了一张几万元的卡时，我都有些吃惊。在我看来，理个发几十元，即便再染个色、烫个发，护理一下，一次也就几百块，再怎么也不至于一次性办张几万块的卡，这得什么时候才能消费完卡内的金额。

对于我的疑问，这位朋友表示："办了卡还愁你消费不完吗？这些不用你去想，会有人替你想着如何消费这笔钱。"

原来，所谓的美发沙龙，并非只是理理发，烫烫发，染染发这么简单，客户是被划分等级的，比如普通散客，充值卡会员，银卡会员，金卡会员，钻石卡会员，超级 VIP 等。不同的等级对应着不同的服务层次，等级越高，享受的服务越细致、周到、高端，从排位、服务区域、用的产品、看的杂志、喝的咖啡等，都是有等级差异的。

就拿我这位朋友来说，她办的是仅次于超级 VIP 的钻石会员，在办卡之时便已经为她定好了专属造型师，每次只要预约，进店便有专属造型师在等待着迎接、服务。从进店开始，便有服务生迎接，微笑、鞠躬，并大声说道："李女士，欢迎光临！"

与散客和普通会员形成的鲜明对比，瞬间满足了朋友的虚荣心，就连走路也觉得自信高雅了许多。

朋友原本只是这家美发沙龙散客消费人群中的一员，当店员表示有"免费体验钻石会员"活动时，她想着反正也是免费的，享受一下又何妨，只要自己坚守防线，不被忽悠就好了。结果，那一次体验下来，她就对身边朋友说了一句话："人一旦体验了更好的，就真的看不上原有的廉价的了。"

钻石会员有专属的几块区域，比如服务区，主要是理染烫的操作区；洗护区，主要是洗发、护理的区域；养护区，主要是给发丝做营养滋润，为顾客按摩头部穴位，让客户充分放松的地方；休闲区，主要是顾客等待时间时喝咖啡、看杂志、听音乐的地方。

免费体验时安排的造型师便是之后固定为自己服务的专属造型师，只要见到朋友，他就会亲切地打招呼说："美丽的李女士，你来啦。今天是想做个造型呢，还是护理一下？还是……"

用朋友的话说，等级越高，对应的专属造型师颜值也越高，不说别的，光是看着养养眼，这心情也舒畅，更何况，人家一口一句"美丽的李女士"，亲切温柔，语气里尽显着真诚，让你觉得没有丝毫违和感。

这位朋友对我说："每次他问我今天来想怎么做，我说把发梢修剪一下，或者就做个护理，他都爽快地说'好的'，可是每次到了最后，我都会做个全套，从洗剪吹到护理、按摩，最后再来个美美的造型，让你心情舒畅地离开，走在街上，心情都是愉悦的，风吹过来，空气里都有香味。"

我说："现在的销售人员都很油滑，嘴上敷衍着你，心里却已经盘算着如何游说你消费更多的项目了。"

她说："可是很奇怪，你说他油滑吧，说实话理智上我是清楚他们的套路的，可真的很受用，而且并不反感。就像他说的，这些钱是花在我自己身上了，是我自己享用了。我的头发受到了呵护，香香的，柔柔顺顺的；我的头部受到了按摩，脑部神经不紧绷了，感觉整个人都很放松；等待营养滋润的时间，坐在休息区喝喝咖啡，看看杂志，和护理师聊一聊，聊聊美容养发养生，聊聊生活，聊聊人生理想……女人就是要多爱自己一点，别让生活只有柴米油盐，即便不能一直活成女王，但偶尔也要享受一下女王的待遇。"

朋友越说越兴奋，她说："我真的觉得他说的很有道理。有时候在美发沙龙，整个项目做下来，一做就是一下午，我就感觉，这个下午是一天甚至一段时间当中最放松的，远离了生活的喧嚣与鸡毛蒜皮，活成了梦想中女人该有的精致的样子。"

聊天中我总算看到了事情的本质：不是美发沙龙有多休闲，也不是造型师有多帅多温柔多能忽悠，而是造型师能够取悦于人。尤其是女性，是我们常说的最不理性的消费者，她们的行为最容易受到情绪的影响，情绪性消费过后往往也是后知后觉，因为当感性与理性发生冲突时，她们通常会用感性来自我说服，压倒理智，打败理智。

这位造型师也十分会“哄”女性开心，他了解女性的内心，知道每一位深陷于家庭、老公、孩子、公婆之间每天和鸡毛蒜皮等琐事及柴米油盐打交道的女人内心在渴望着什么。

当你知道客户内心所想，便已经成功了一半。正如这位造型师，他想客户之所想，站在客户的角度为其生活鸣不平，以好友的姿态为其抱不平，希望她可以活得更好，更精致，活成自己梦想的样子，偶尔享受一下女王的待遇。如何享受？当然是购买自己的服务与产品，用金钱换享受。

巴菲特曾分享自己的生意经，他说，“如果你能够取悦你的客户，你就会成功。不要只是满足你的客户，而是要让你的客户觉得‘和那人做生意真愉快’，那么他们还会再来购买你的产品的。”

相比绞尽脑汁去想如何满足客户的诸多要求，不如花心思想想如何取悦客户的情绪，当客户心情愉悦时，也许他会降低自己的要求。

所以，在见到客户的第一眼，销售人员首先就要观察其情绪如何。如果客户本就一脸春风，喜悦之情溢于言表，那么销售工作会好做许多；如果客户一脸愁容，消极失落，那恐怕接下来的销售工作中需要多花费功夫了。

人的情绪是可以控制与调节的，一种是可以自我控制与调节，通过自我激励、自我安慰来转变坏情绪，另一种则是通过他人的感染与抚慰使得情绪有所转变。事实上，没有人喜欢坏情绪，如果可以选择，每个人都希望自己开开心心的。当你遇到一脸不悦的客户时，很明显，他的自我调节能力不够，需要你的介入与引导，将坏情绪转变为好情绪。客户心情好了，而且与你有很大的关系，其心里必然会对你产生一种特别的情感，比如感激、好感、信任，而这些都有利于成交。

需要注意的是，取悦客户的方式要用心，不可过于敷衍、浮夸，也不可过于轻浮，亦无须出卖自己的灵魂与内心，以纯净的灵魂与情感，先对客户表达“同理心”，再进行情绪引导为好。